西白虎 · 四

낭송 손자병법 / 오자병법

낭송Q시리즈 서백호 04
낭송 손자병법/오자병법

발행일 초판1쇄 2015년 2월 4일(乙未年 戊寅月 辛亥日 立春)
지은이 손무, 오기 │ **풀어 읽은이** 손영달 │ **펴낸곳** 북드라망 │ **펴낸이** 김현경
주소 서울시 중구 청파로 464, 101-2206(중림동, 브라운스톤서울) │ **전화** 02-739-9918 │
이메일 bookdramang@gmail.com

ISBN 978-89-97969-56-2 04150 978-89-97969-37-1(세트) │ 이 도서의 국립중앙도서
관 출판시도서목록(CIP)은 서지정보유통지원시스템 홈페이지(http://seoji.nl.go.kr)
와 국가자료공동목록시스템(http://www.nl.go.kr/kolisnet)에서 이용하실 수 있습니
다.(CIP제어번호: CIP2015001983) │ 이 책은 저작권자와 북드라망의 독점계약에 의
해 출간되었으므로 무단전재와 무단복제를 금합니다. 잘못 만들어진 책은 서점에서 바
꿔 드립니다.

책으로 여는 지혜의 인드라망, 북드라망 **www.bookdramang.com**

낭송
Q
시리즈

서백호
04

낭송
손자병법/오자병법

손무, 오기
지음

손영달
풀어
읽음

고미숙
기획

티

1. '낭송Q'시리즈의 '낭송Q'는 '낭송의 달인 호모 큐라스'의 약자입니다. '큐라스'(curas)는 '케어'(care)의 어원인 라틴어로 배려, 보살핌, 관리, 집필, 치유 등의 뜻이 있습니다. '호모 큐라스'는 고전평론가 고미숙이 만든 조어로, 자기배려를 하는 사람, 즉 자신의 욕망과 호흡의 불균형을 조절하는 능력을 지닌 사람을 뜻하며, 낭송의 달인이 호모 큐라스인 까닭은 고전을 낭송함으로써 내 몸과 우주가 감응하게 하는 것이야말로 최고의 양생법이자, 자기배려이기 때문입니다(낭송의 인문학적 배경에 대해 더 궁금하신 분들은 고미숙이 쓴 『낭송의 달인 호모 큐라스』를 참고해 주십시오).

2. 낭송Q시리즈는 '낭송'을 위한 책입니다. 따라서 이 책은 꼭 소리 내어 읽어 주시고, 나아가 짧은 구절이라도 암송해 보실 때 더욱 빛을 발합니다. 머리와 입이 하나가 되어 책이 없어도 내 몸 안에서 소리가 흘러나오는 것. 그것이 바로 낭송입니다. 이를 위해 낭송Q시리즈의 책들은 모두 수십 개의 짧은 장들로 이루어져 있습니다. 암송에 도전해 볼 수 있는 분량들로 나누어 각 고전의 맛을 머리로, 몸으로 느낄 수 있도록 각 책의 '풀어 읽은이'들이 고심했습니다.

3. 낭송Q시리즈 아래로는 동청룡, 남주작, 서백호, 북현무라는 작은 묶음이 있습니다. 이 이름들은 동양 별자리 28수(宿)에서 빌려 온 것으로 각각 사계절과 음양오행의 기운을 품은 고전들을 배치했습니다. 또 각 별자리의 서두에는 판소리계 소설을, 마무리에는 『동의보감』을 네 편으로 나누어 하나씩 넣었고, 그 사이에는 유교와 불교의 경전, 그리고 동아시아 최고의 명문장들을 배열했습니다. 낭송Q시리즈를 통해 우리 안의 사계를 일깨우고, 유(儒)·불(佛)·도(道) 삼교회통의 비전을 구현하고자 한 까닭입니다. 아래의 설명을 참조하셔서 먼저 낭송해 볼 고전을 골라 보시기 바랍니다.

▷ 동청룡: 『낭송 춘향전』, 『낭송 논어/맹자』, 『낭송 아함경』, 『낭송 열자』, 『낭송 열하일기』, 『낭송 전습록』, 『낭송 동의보감 내경편』으로 구성되어 있습니다. 동쪽은 오행상으로 목(木)의 기운에 해당하며, 목은 색으로는 푸른색, 계절상으로는 봄에 해당합니다. 하여 푸른 봄, 청춘(靑春)의 기운이

가득한 작품들을 선별했습니다. 또한 목은 새로운 시작을 의미하기도 합니다. 청춘의 열정으로 새로운 비전을 탐구하고 싶다면 동청룡의 고전과 만나 보세요.

▷ 남주작 : 「낭송 변강쇠가/적벽가」, 「낭송 금강경 외」, 「낭송 삼국지」, 「낭송 장자」, 「낭송 주자어류」, 「낭송 홍루몽」, 「낭송 동의보감 외형편」으로 구성되어 있습니다. 남쪽은 오행상 화(火)의 기운에 속합니다. 화는 색으로는 붉은색, 계절상으로는 여름입니다. 하여, 화기의 특징은 발산력과 표현력입니다. 자신감이 부족해지거나 자꾸 움츠러들 때 남주작의 고전들을 큰소리로 낭송해 보세요.

▷ 서백호 : 「낭송 흥보전」, 「낭송 서유기」, 「낭송 선어록」, 「낭송 손자병법/오자병법」, 「낭송 이옥」, 「낭송 한비자」, 「낭송 동의보감 잡병편 (1)」로 구성되어 있습니다. 서쪽은 오행상 금(金)의 기운에 속합니다. 금은 색으로는 흰색, 계절상으로는 가을입니다. 가을은 심판의 계절, 열매를 맺기 위해 불필요한 것들을 모두 떨궈 내는 기운이 가득한 때입니다. 그러니 생활이 늘 산만하고 분주한 분들에게 제격입니다. 서백호 고전들의 울림이 냉철한 결단력을 만들어 줄 테니까요.

▷ 북현무 : 「낭송 토끼전/심청전」, 「낭송 노자」, 「낭송 대승기신론」, 「낭송 동의수세보원」, 「낭송 사기열전」, 「낭송 18세기 소품문」, 「낭송 동의보감 잡병편 (2)」로 구성되어 있습니다. 북쪽은 오행상 수(水)의 기운에 속합니다. 수는 색으로는 검은색, 계절상으로는 겨울입니다. 수는 우리 몸에서 신장의 기운과 통합니다. 신장이 튼튼하면 청력이 좋고 유머감각이 탁월합니다. 하여 수는 지혜와 상상력, 예지력과도 연결됩니다. 물처럼 '유동하는 지성'을 갖추고 싶다면 북현무의 고전들과 함께해야 합니다.

4. 이 책 「낭송 손자병법/오자병법」은 「무경칠서본」(武經七書本; 中華書局, 1961)을 저본으로 완역한 것입니다. 원본의 편제를 그대로 따르되, 단락 구분은 일부 변경하였습니다.

차 례

『손자병법』·『오자병법』은 어떤 책인가

싸움의 달인 되기
— 두 권의 병서가 전하는 삶의 기예

1. 전쟁과 지혜의 기묘한 동거

『손자병법』과 『오자병법』은 병가兵家의 대표적인 텍스트이다. 두 텍스트 모두 치열한 전란의 시대였던 춘추전국시대春秋戰國時代 때 탄생했다. 자고 일어나면 새로운 전쟁이 일어났다던 춘추전국시대. 병가들의 사유 안에는 이 참혹한 시대를 통과하며 얻은 전쟁의 노하우들이 망라되어 있다. 이를테면 이런 것들이다. '어떻게 하면 두려움에 벌벌 떠는 아군의 병사들을 사지로 몰아넣을 것인가', '어떻게 적의 식량과 자원을 노략질할 것인가', '어떻게 적을 기만하여 방심하게 할 것인가' 등등. 대놓고 주장한다. 속이고, 이용하며, 약탈하라고. 놀라운 건 기만과 약탈과 권모술수를 장려하는 이 살벌한 논설들이 하나의 '학문'으로 공인되었다는 것이다. 이 지점에서 우리는 묻지 않을 수 없다. 이런 책을 '학문'으로, '고전'으로 받아들일 수 있을까?

누구나 생각한다. 전쟁은 반인륜적인 폭력 행위라고. 그래서 전쟁을 비난한다. 도의의 이름으로, 인류의 이름으로. 하지만 이런 비난은 무용했다. 역사 이래 인간이 전쟁을 그친 적은 단 한순간도 없다. 오히려 그 잔혹함만 가중됐을 뿐이다. 병가들은 차라리 다른 길로 나아갔다. 섣부른 비판도 맹목적인 예찬도 하지 않았다. 차라리 전쟁 안으로 깊이 들어가 전쟁 속에서 사유하고 성찰했다. 그리하여 한 가지 낚아 올린 것이 있으니, 그것은 바로 '지혜'였다.

전쟁과 지혜가 어떻게 함께 할 수 있냐고? 그리스 신화의 아테나 여신을 보라! 태어나는 순간부터 육중한 무구로 완전무장하고 있던 그는 '전쟁의 여신'이었다. 그리고 동시에 '지혜의 여신'이기도 했다. 전쟁과 지혜의 이 아이러니한 공존! 이 신화는 인류가 가진 값진 지혜는 상아탑의 고담준론 속에서가 아니라 전장의 치열함과 고통 속에서 일궈진 것임을 보여 준다.

전쟁 속에서 어떻게 지혜가 탄생할 수 있나? 전쟁은 파괴를 담당한다. 익숙한 것들, 당연시되는 것들을 깨고 공격한다. 안락한 삶의 터전을 파괴하고, 습관대로 살던 삶에 제동을 건다. 화염이 훑고 지나간 잿더미 위에서 인간은 삶의 허무함을 자각한다. 권력의 무상함을, 부의 덧없음을 깨닫는다. 천지간의 그 무엇도 영원한 것은 없음을, 인간이 부여잡으려 하는 삶의 의지처 중 그 어느 것도 영속적이지 않음을 알게 된다. 그럼에도 불구하고 왜 인간은 안일하게 무언가에 의탁하려 하는가?

전쟁의 아수라장 속에서 인간이 무언가 얻는 것이 있다면 그것은 바로 '모든 것은 변화한다'는 만물유전의 법칙일 것이다. 변화에 부합하는 삶, 그것만이 우리가 붙들 의지처이다. 변화를 거부하고 어딘가에 안주하려 할 때, 그것은 스스로에게 치명적인 약점이 된다. 전쟁을 업으로 삼는 병가들은 이런 변화의 원리에 정통해야 했다. 흐름에 부합해 나를 강하게 하고, 적의 정체된 지점을 공격의 타깃으로 삼는 것. 병가들의 사유는 결국 이 원리의 변용이라 할 수 있다. 전쟁이란 흐름에 의탁해 흐르지 않음을 공격하고, 이로써 스스로를 이롭게 하는 것이었다. 이로써 병가들은 전쟁에 수반하는 파괴의 힘을 창조와 변혁의 힘으로 바꿀 수 있었던 것이다.

2. 잘 싸운다는 것

병가들은 잘 싸우는 법을 고민했다. 함께 생각해 보자. 우리는 왜 싸우는가? 강해지기 위해 싸운다. 이로움을 얻어 나의 세를 불리기 위해 싸운다. 파괴와 죽음은 전쟁에 수반되는 것이지 궁극의 목표가 아니다. 하지만 싸움을 하다 보면 본말이 전도된다. 분노에 사로잡혀서, 원한의 상대에게 위해를 가하는 것을 목표로 삼게 된다. 분노를 주체 못하고 무모하게 싸움에 나섰다가 치명적인 상처를 입기도 한다. 싸움에 이겨 적대자를 없애 버렸다 치자. 그럼 그 다음은? 이런 전쟁에서 결국 얻는 건 없다.

병가들은 싸움의 근본적인 의미가 무엇인지 상기시킴으로써 우리에게 '잘 싸운다는 것'이 무엇인지 일깨워 준다. 잘 싸운다는 것은 무엇인가? 답을 먼저 말하자면, 싸움을 통해 내가 강해져야 한다는 것이다. 적과 싸우느라 나를 해치면 안 된다. 나의 피해를 최소화하며 싸움을 통해 이로움을 얻어야 한다. 그것이 의미 있는 싸움이며 승리다. 그렇다면 어떻게 하면 잘 싸울 수 있을까? 『손자병법』에서는 '속전속결'速戰速決을 강조한다. 손자는 이렇게 말한다.

"그러므로 전쟁은 간단하고 빠르게[拙速] 끝내야지, 기교를 부리며 오래 끌어서는 안 된다."

손자에게 '졸속'拙速이란 '허술한 일처리'를 뜻하는

말이 아니다. 간단하고 빠르게 실행하라는 의미다. 쓸데없는 기교를 부리느라 일을 오래 끌지 말라는 얘기다. 여기서도 요지는 나를 온전히 보존함으로써 전쟁에 소모되는 쓸데없는 출혈을 줄이는 것이다. 그런데 아껴야 할 것은 비단 나의 힘만이 아니다. 아군의 피해뿐 아니라 적의 피해까지 최소화해야 한다.

"군사를 쓰는 법에 있어 적국을 온전하게 두고 이기는 것이 가장 좋고, 적국을 격파하는 것은 그 다음이다."

적을 파괴하지 않고 온전히 사로잡아야 한다. 그래서 손자는 포로를 우대하여 나의 군사로 삼고, 적의 식량과 무기를 포획하여 나의 물자로 삼으라고 말한다. 이에 비하면 오늘날의 전쟁은 섬멸전이다. 무차별한 파괴로 적을 소멸시켜 버린다. 적의 도시를 파괴하고 민간인을 학살한다. 이런 전쟁에서 이긴다고 한들 무엇을 얻을 수 있겠는가? 다시 한번 강조하거니와, 나를 강하게 하지 않는 승리는 진정한 승리가 아니다.

여기서 끝이 아니다. 나를 보존하고 적도 보존하

고, 나아가 싸우지 않고 이기는 경지에까지 도달해야 한다. 흔히들 알고 있는 '지피지기 백전백승'知彼知己 百戰百勝이란 말은 『손자병법』의 경구를 차용한 나 관중의 말이다. 손자는 오히려 백 번 싸워 백 번 이기는 것이 최선은 아니라고 얘기했다.

"백 번 싸워 백 번 이기는 것[百戰百勝]이 최선이 아니요, 싸우지 않고 적을 굴복시키는 것이 최선이다."

싸우지 않고 이기기 위해서는 철저히 계산해야 했다. 전쟁의 손익을 따져 면밀히 계산하고, 확실히 이길 싸움에만 나서며, 이기지 못할 상대라면 과감히 도망친다. 전장에서 명망과 체면 따위는 의지할 것이 못 된다.

모든 계산이 완벽히 끝났다고 승리를 장담할 수 있는 게 아니다. 자신의 철저한 준비는 오직 패배하지 않게 도울 뿐이지, 반드시 승리를 보증하지는 않는다. 승리를 좌우하는 것은 '적의 실수'이다. 승리에 가까이 가기 위해서는 내가 실수하지 않게 철저히 준비하면서, 적이 실수하고 방심하도록 유도해야 한다. 적의 실수를 유도하기 위해서는 대의명분에

구애받지 말고 적극적으로 속임수를 쓴다.

　보다 중요한 것은 나의 실수를 막는 것이다. 이를 위해 '내부의 적'을 단속해야 한다. 병가들은 적을 단일 존재로 고정시켜 놓지 않는다. 아무리 적군이라도 사로잡아 포섭하면 아군이 된다. 아무리 능력 있는 아군이라도 잘못하여 화를 자초하면 적이 된다. 그리고 대개 이들 내부의 적들이 외부의 적보다 더 치명적인 존재들이다. 내부의 적이란 누구인가? 나태해지려는 아군의 군졸들이며, 군법 위에 군림하려는 군주이며, 감정을 주체 못하고 안일한 믿음에 기대려 하는 자기 자신이다. 잘 싸우는 자는 남에게 이기기 전에 자기 스스로에게 이긴다. 남에게 도전장을 내밀기 전에 먼저 아군, 그리고 자기 자신에게 선전포고를 한다.

　병서의 가르침들이 여전히 유용한 이유가 여기에 있다. 병서는 우리를 '비전 탐구'의 장으로 초대한다. 기존의 나의 삶에 질문을 던지고, 내가 기대고 있던 안이한 의지처를 파괴하라고 조언한다. 지금 곧 자기 자신과의 전쟁을 수행하라고 등을 떠민다. 니체가 '성인이 되지 못할 바에야 차라리 전사가 되라!'고 했던 맥락도 이런 것이 아니었을까?

3. 낭송으로 만나는 병서

『손자병법』과 『오자병법』은 비교적 많이 읽히는 고전에 속한다. 하지만 대부분이 경쟁에서 승리하는 법, 성공하는 리더가 되는 법 등으로 읽는다. 나는 이책이 다르게 읽히길 원했다. 자기 삶을 돌아보고 새로운 삶을 모색하는 길의 지팡이가 되길 바랐다. 그런 점에서 이 책은 몸을 울리고, 삶을 진동시키는 '낭송'의 독법으로 읽어야 한다고 생각했다.

낭송용 병서 만들기. 이 책을 작업하면서 마주한 어려움은 딱딱하고 건조한 병가의 언어를 하나의 노래로 만들어야 한다는 것이었다. 『손자병법』과 『오자병법』은 각기 5~6천자가량의 짧은 텍스트다. 그 언어는 병서 특유의 짧고 툭툭 끊기는 건조한 문장으로 이루어져 있다. 용어들의 의미 또한 굉장히 함축적이었다. 겉보기엔 '첫째, 둘째, 셋째……' 하는 식으로 요지와 핵심을 하달하는 일목요연한 산문 같지만, 그 안에 쓰인 함축적 언어는 차라리 시詩에 가까웠다. 이 난해한 언어를 소리 내어 읽으면서 그 의미가 바로 이해될 수 있게 풀되, 운율과 언어의 함축미를 해치지 않으려 노력했다.

그나마 다행이었던 것은 『손자병법』과 『오자병법』이라는 텍스트의 구성이 체계적이었다는 점이다. 『손자병법』 13편은 첫머리에서 군사의 도道에 대해 역설한 뒤 후반부에 구체적인 전술을 차례로 언급하는 구성으로 짜여 있다. 『오자병법』은 전국시대의 병법가 오기吳起가 위魏나라의 군주 위문후魏文侯, 위무후魏武侯와 대화를 나누는 식으로 쓰였다. 전쟁에 대비하기 위한 사전준비에서 이야기를 시작해 실전에 나갔을 때의 구체적 지침이 이어지는 식으로, 역시나 그 구성이 체계적이다. 이에, 이 책에서는 원본의 구성을 그대로 따라 완역하되, 낭송에 맞는 율동감 있는 언어를 입히는 데 초점을 맞추었다.

나는 이 책을 낭송하는 이들이, 지구 반대편 어딘가에서 벌어지고 있을 '저곳'의 전쟁이 아니라, 나의 일상 가운데 내재해 있는 '이곳'의 전쟁을 떠올리기를 기대한다. 이 책 속에서 삶이라는 전투를 수행하는 법을 발견해 내기를 기대한다. 일상이라는 전장에서 승리하는 탁월한 전사로 거듭나기를 기대한다. 그런 의미에서 이 책을 변혁의 금金기운인 '서백호'편에 배속시켰다. 이 책에 담긴 금기운이 읽는 이들의 몸과 삶을 울려 풍성한 삶의 열매를 맺게 하기를!

백 번 싸워 백 번 이기는 것[百戰百勝]이 최선이 아니요, 싸우지 않고 적을 굴복시키는 것이 최선이다. 그러므로 전쟁을 할 때 최선책은 '적의 지략'을 공격하는 것이고, 차선책은 '적의 외교'를 공격하는 것이며, 그 다음은 '적의 군대'를 공격하는 것이고, 가장 나쁜 방법은 '적의 성城'을 공격하는 것이다.

전쟁을 잘 아는 장수는 적군을 굴복시키되 교전은 하지 않고, 적의 성을 빼앗되 공격은 하지 않는다. 적국을 멸망시키면서도 전쟁을 오래 끌지 않으며, 반드시 온전하게 천하를 쟁취한다. 그러므로 병력을 소모하지 않고도 이로움을 온전히 할 수 있으니, 이것이 모략으로 공격하는 방법이다.

낭송Q시리즈 서백호
손자병법/오자병법

『손자병법』
孫子兵法

『손자병법』

1부
계(計): 싸우기 전에 계산하라

1-1.
신중하게 살펴라

손자가 말했다.

전쟁은 나라의 중대사다. 생사生死의 마당이요, 존망存亡의 길이므로 깊이 살피지 않을 수 없다.

그러므로 다음 다섯 가지 일[五事]을 기본으로, 적과 계책을 비교하고 정황을 탐색하라!

그 첫째는 도道이고, 둘째는 천天이고, 셋째는 지地이고, 넷째는 장將이고, 다섯째는 법法이다.

도道란 백성으로 하여금 임금과 한뜻이 되게 하여, 더불어 죽고 더불어 살며, 위기에도 피하지 않게 하는 것이다.

천天이란 음양의 움직임과 추위와 더위, 계절의 변화를 말한다.

지地란 지형의 멀고 가까움, 험함과 평탄함, 넓음과

좁음, 죽을 땅과 살 땅을 말한다.

장將이란 지혜, 믿음, 어짊, 용맹, 위엄을 말한다.

법法이란 군대의 편제와 제도와 군비軍備의 주관을 말한다.

이 다섯 가지는 장수라면 반드시 알아야 할 항목이니, 이것을 아는 자는 승리하고, 이것을 모르는 자는 패배한다.

적과 계책을 비교하고 정황을 탐색할 때, 다음의 일곱 가지 계책[七計]을 고려하라!

임금은 어느 쪽이 도가 있는가?

장수는 어느 쪽이 유능한가?

천시天時와 지리地利는 어느 쪽이 유리한가?

법령은 어느 쪽이 잘 집행하는가?

군대는 어느 쪽이 강한가?

병사는 어느 쪽이 숙달되었는가?

상벌은 어느 쪽이 더 분명한가?

나는 이러한 오사칠계五事七計를 기준으로 전쟁의 승부를 알 수 있다. 만약 내 계책을 들어 군사를 쓴다면 반드시 이길 것이니, 나는 여기 머물러 임금을 도울 것이다. 내 계책을 듣지 않고 군사를 쓰면 반드시 패할 것이니, 나는 이곳을 떠날 것이다.

1-2.
전쟁은 속임수다

이익을 계산해 보고 나의 계책을 받아들이면, 세勢를 만들어서 실전을 도울 수 있다. 여기서 말하는 '세'란 아군에게 유리한 쪽으로 변화를 주도하는 것이다.

전쟁은 일종의 속임수이다.

능력이 있으면서도 없는 척하고, 능숙하면서도 서투른 척하며, 가까운 곳을 노리면서도 먼 곳을 노리는 척하고, 먼 곳을 노리면서도 가까운 곳을 노리는 척한다.

이로움을 보여 적을 유인하고, 혼란스럽게 해놓고 빼앗는다.

적이 충실하면 대비하고, 강하면 피한다.

적이 쉽게 분노하면 그 마음을 흔들고, 소심하면 교만하게 만든다.

적이 편안하면 수고롭게 만들고, 서로 친하면 이간질
한다.
적이 방비하지 않은 곳을 공격하고, 예기치 않은 때
에 출동한다.
이것이 병가에서 말하는 승리의 길이니, 고정된 이론
으로 전수될 수 없다.

1-3.
묘산이 승패를 좌우한다

싸우기 전에 열리는 묘산^{廟算: 전쟁에 앞서 세우는 계책. 작전회}^의에서 승리를 확신하는 것은 작전이 주도면밀하고 다양하기 때문이다. 싸우기 전에 열리는 묘산에서 승리를 확신하지 못하는 것은 작전이 엉성하고 단순하기 때문이다. 셈이 많으면 이기고 셈이 적으면 이기지 못한다. 그러니 어떻게 계산하지 않을 수 있겠는가? 그러므로 나는 묘산만 보고도 어느 쪽이 이기고 질지 미리 알 수 있다.

『손자병법』

2부
작전(作戰) : 속전속결로 이겨라

2-1
졸속拙速, 간단하고 빠르게

손자가 말했다.

군대를 운용하려면 수송마차[馳車] 천 대와 전차[革車] 천 대, 갑옷으로 무장한 병사 십만을 편성하여, 이들에게 천 리 길로 양식을 운반해야 한다. 또 전방과 후방의 비용, 즉 빈객의 접대비, 아교와 칠 따위의 장비 수리를 위한 재료, 전차와 갑옷을 공급하는 비용으로 하루에 천 금이라는 막대한 경비가 소요된다. 그러므로 이만 한 재정을 갖추고서야 십만의 군대를 일으킬 수 있는 것이다.

전쟁을 함에 있어 신속한 승리보다 귀한 것은 없다. 지구전으로 이기려 하면, 무기는 녹슬고 군사는 날카로운 기세를 잃는다. 이때 성을 공격하면 전력이 바닥난다. 군대를 오랫동안 야전에 두면 국가의 재정이 부족해진다. 군대가 지치고 재정이 바닥나면 다른 제후국들이 그 피폐함을 틈타 일어나니, 그때는 제아무리 지혜로운 장수라도 감당할 수 없다. 그러므로 전쟁은 간단하고 빠르게[拙速] 끝내야지, 기교를 부리며 오래 끌어서는 안 된다. 전쟁을 오래 끌어 나라에 이로운 경우는 없었다. 그러므로 전쟁의 해로움을 충분히 알지 못하는 사람은 전쟁의 이로움도 알 수 없다.

2-2.
적에게 승리하여 자신을 강하게 하라

군사를 잘 쓰는 사람은 백성을 두 번 거듭 징집하지 않고, 군량미를 세 번 거듭 보급하지 않으며, 병기는 내 나라에서 장만하되 양식은 적에게서 빼앗아 먹는다. 그러므로 군량이 넉넉하게 되는 것이다.

나라가 전쟁으로 빈곤해지는 것은 원거리 수송 때문이다. 원거리 수송은 백성을 빈곤하게 만든다. 군대가 주둔한 지역은 물가가 오르고, 물가가 오르면 백성의 재화가 고갈되며, 재화가 고갈되면 세금이 가중된다. 국력이 소모되고 재화가 고갈되면 중원에서는 군대의 힘이 약해지고, 나라 안에는 백성의 재산이 텅 비게 된다. 백성의 재산은 십분의 육이 소모되고, 국가의 재정도 파손된 전차, 말의 질병, 갑옷과 투구와 화살과 쇠뇌, 갈고리와 방패와 창, 짐수레와 큰 수레 등의 비용으로 십분의 칠이 허비된다.

그러므로 지혜로운 장수는 적에게서 식량을 빼앗는다. 적국에서 약탈한 식량 한 종은 본국에서 수송해 온 식량 20종에 해당하며, 적국에서 얻은 사료 한 석은 본국에서 운반해 온 사료 20석에 해당한다.

병사들이 적을 무찌르게 하려면 적개심을 길러 줘야 하고, 적의 물자를 빼앗아 오게 하려면 재화로 보상해 줘야 한다. 적의 전차 열 대 이상을 빼앗으면 먼저 빼앗은 자에게 상을 주고, 전차 위의 깃발을 바꾸어 꽂아 아군의 수레와 함께 섞어 쓴다. 사로잡은 포로는 잘 대우해서 아군으로 양성한다. 이른바 '적에게 승리해 자신을 더욱 강하게 함'[勝敵益强]이란 이를 두고 하는 말이다.

그러므로 전쟁은 속전속결速戰速決로 이기는 것을 귀하게 여기고, 지구전으로 오래 끄는 것을 귀하게 여기지 않는다. 전쟁을 잘 아는 장수는 백성의 수호자요, 국가 안위의 주인이다.

『손자병법』

3부
모공(謀攻) : 모략으로 공격하라

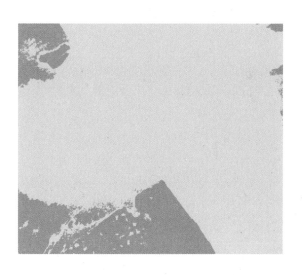

3-1.
적을 온전하게 사로잡으라

손자가 말했다.

군사를 쓰는 법에 있어 적국을 온전하게 두고 이기는 것이 가장 좋고, 적국을 격파하는 것은 그 다음이다. 적의 군단을 온전하게 두고 이기는 것이 가장 좋고, 그들을 파괴하는 것은 그 다음이다. 적의 여단을 온전하게 두고 이기는 것이 가장 좋고, 그들을 파괴하는 것은 그 다음이다. 적의 중대를 온전하게 두고 이기는 것이 가장 좋고, 그들을 파괴하는 것은 그 다음이다. 적의 대오를 온전하게 두고 이기는 것이 가장 좋고, 그들을 파괴하는 것은 그 다음이다.

3-2.
싸우지 않고 이겨라

백 번 싸워 백 번 이기는 것[百戰百勝]이 최선이 아니요, 싸우지 않고 적을 굴복시키는 것이 최선이다. 그러므로 전쟁을 할 때 최선책은 '적의 지략'을 공격하는 것이고, 차선책은 '적의 외교'를 공격하는 것이며, 그 다음이 '적의 군대'를 공격하는 것이요, 가장 나쁜 방법은 '적의 성城'을 공격하는 것이다.

적의 성을 공격하는 방법은 어쩔 수 없을 때 쓰는 것이다. 큰 방패[櫓]와 큰 수레[轒轀]분온: 성문을 파괴하는 수레, 각종 기계와 연장을 갖추는 데 석 달이 걸리며, 방어용 토성[距堙]거인: 적을 방어하기 위해 흙으로 쌓은 누대을 쌓는 것도 석 달이 걸린 이후에야 끝난다. 장수가 분노를 이기지 못해 병졸을 개미떼처럼 성곽에 오르게 하면, 병졸의 삼분의 일이 죽고도 성을 빼앗지 못할 것이니, 이것이 바로 성을 공격할 때 일어나는 재앙인 것이다.

전쟁을 잘 아는 장수는 적군을 굴복시키되 교전은 하지 않고, 적의 성을 빼앗되 공격은 하지 않는다. 적국을 멸망시키면서도 전쟁을 오래 끌지 않으며, 반드시 온전하게 천하를 쟁취한다. 그러므로 병력을 소모하지 않고도 이로움을 온전히 할 수 있으니, 이것이 모략으로 공격하는 방법이다.

군사를 쓸 때의 기본 원칙은 다음과 같다.

아군의 수가 적보다 열 배 많으면 포위하고, 다섯 배가 많으면 공격하고, 두 배가 많으면 분산시킨다. 적과 비슷하면 힘써 싸우되, 적보다 수가 적으면 도망치고, 대적할 수 없으면 과감히 퇴각한다. 군사력이 부족한데도 버티고 있어 봤자 강한 적에게 사로잡힐 뿐이다.

3-3.
임금이 군대에 해를 끼치는 세 가지 경우

장수는 임금을 보좌하는 버팀목[輔]이다. 보좌하는
것이 온전하면 나라는 반드시 강해지고, 보좌에 빈틈
이 있으면 나라는 반드시 약해진다.

임금이 장수의 지휘권을 간섭하여 군대에 해를 끼치
는 경우가 세 가지 있다.

첫째, 군대가 진격할 수 없다는 것을 모르고 진격을
명하거나, 군대가 퇴각할 수 없다는 것을 모르고 퇴
각을 명하는 경우. 이를 두고 '재갈 물려진 군대'[縻軍]
라 한다.

둘째, 임금이 삼군三軍: 모든 군대의 사정을 모르면서 군
대의 행정에 관여하는 경우. 이렇게 되면 군사들은
갈팡질팡 혼란스러워하게 된다.

셋째, 임금이 삼군의 권한을 알지 못하면서 군대의

인사人事에 관여하는 경우. 이렇게 되면 군사들은 의심하게 된다.

군대가 혼란스러워하고 의심하게 되면 주변의 제후들이 침략할 것이니, 이것을 일러 '자기 군대를 어지럽혀 적에게 승리를 넘겨주는 것'[亂軍引勝]이라 한다.

3-4.
지피지기 백전불태知彼知己 百戰不殆

그러므로 승리를 알 수 있는 다섯 가지가 있다.

첫째, 싸울 수 있는지 없는지를 알면 승리한다.

둘째, 병력의 많고 적음에 따라 군사를 적절히 부릴 줄 알면 승리한다.

셋째, 장수와 병사의 마음이 하나 되면 승리한다.

넷째, 준비된 상태에서 준비되지 않은 적을 상대하면 승리한다.

다섯째, 장수가 능력이 있어 임금이 간섭하지 못하면 승리한다.

이 다섯 가지가 승리를 아는 방법이다. 그러므로 이렇게 말한다. "적을 알고 나를 알면 백 번 싸워도 위태롭지 않다[知彼知己 百戰不殆]. 적을 모르고 나를 알면 한 번 이기고 한 번 진다. 적을 모르고 나도 모르면 싸울 때마다 반드시 패배한다."

『손자병법』

4부
형(形) : 먼저 나의 힘을 키워라

4-1.
먼저 적이 이기지 못하게 준비하라

손자가 말했다.

예로부터 전쟁을 잘하는 사람은 먼저 적이 이기지 못하게 준비한 뒤, 적을 이길 수 있는 기회를 노렸다. 적이 이기지 못하게 하는 것은 나에게 달려 있고, 내가이기는 것은 적에게 달려 있다. 따라서 전쟁을 잘하는 사람은 적이 나를 이기지 못하도록 만반의 준비를 하지, 적을 반드시 이길 수 있다고 하지 않는다. 그러므로 이렇게 말한다. "승리를 미리 알 수는 있지만, 마음대로 승리를 이룰 수는 없다."

이길 수 없는 경우는 수비해야 하고, 이길 수 있는 경우는 공격해야 한다. 수비하는 것은 힘이 부족하기 때문이고, 공격하는 것은 힘에 여유가 있기 때문이다. 수비를 잘하는 사람은 깊은 땅속에[九地] 숨은 듯

하고, 공격을 잘하는 사람은 높은 하늘 위에[九天] 움직이듯 한다. 그러므로 자기를 보존하면서 온전한 승리를 얻게 되는 것[自保全勝]이다.

누가 봐도 이길 싸움에 이긴 것은 최선의 승리가 아니다. 천하 모든 이가 칭찬한다 해도 이런 승리는 최선의 승리가 아니다. 가벼운 가는 털을 든다 해서 힘이 세다고 하지 않고, 해나 달을 본다 해서 눈이 밝다고 하지 않으며, 천둥소리를 듣는다 해서 귀가 밝다고 하지 않는 것과 같은 이치다.

예로부터 전쟁을 잘하는 사람은 승리하되 쉽게 승리했다. 전쟁을 잘하는 사람의 승리에는 지혜롭다는 명성이나 용맹스럽다는 공적이 없었다. 그가 전쟁에서 승리를 거둔 것은 단지 잘못이 없었기 때문이다. 잘못이 없었던 것은 그가 필승의 조건을 준비해 이미 패배한 적을 이겼기 때문이다. 그러므로 전쟁을 잘하는 사람은 패배하지 않을 곳에 서서 적의 패배를 놓치지 않는다. 다시 말해 승리하는 군대는 먼저 반드시 승리할 조건을 갖추어 놓은 뒤에 전쟁을 하고, 패배하는 군대는 먼저 전쟁을 일으킨 뒤에 승리를 구한다. 군사를 잘 쓰는 사람은 정치를 바르게 하고, 법령을 확고히 한다. 그리하여 승패의 주도권을 장악한다.

4-2.
승부를 가르는 다섯 가지

병법에는 다섯 가지 중요한 요소가 있다. 첫째는 '면적'[度]이고, 둘째는 '자원'[量]이고, 셋째는 '인구'[數]이고, 넷째는 '군사력'[稱]이고, 다섯째는 '승리'[勝]이다. 영토가 있기에 면적이 생겨나고, 면적이 있기에 자원이 결정되고, 자원에 따라 인구가 정해지며, 인구에 따라 군사력이 좌우되고, 군사력에 따라 전쟁의 승패가 갈린다. 그러므로 승리하는 군대는 큰 단위인 일鎰로 작은 단위인 수銖를 저울질하듯 우위를 차지하고, 패하는 군대는 작은 단위인 수로 큰 단위인 일을 저울질하듯 열세에 놓인다.

승리하는 군대의 전쟁은 마치 천 길 높은 계곡에 모아둔 물을 일시에 터뜨리는 것과 같으니, 필승의 조건을 마련한 뒤에 싸우는 것, 이것이 바로 형形이다.

『손자병법』

5부
병세(兵勢) : 형세를 유리하게 만들라

5-1.
기습법과 정공법의 조화

손자가 말했다.

많은 수의 군사를 다스리기를 적은 수의 군사를 다스리듯 할 수 있는 것은, 군대의 '편제'[分數]를 갖추었기 때문이다. 많은 군사를 이끌고 싸우기를 적은 군사를 이끌고 싸우듯 하는 것은, 군대의 '신호체계'[形名]를 갖추었기 때문이다. 삼군三軍의 군대가 갑자기 적의 공격을 받아도 패하지 않는 것은, '기습법과 정공법'[奇正]을 적절히 운용하기 때문이다. 적을 공격하여 숫돌로 계란을 깨뜨리듯 손쉽게 제압하는 것은, 적의 '허실'虛實을 알아 빈틈을 공략하기 때문이다.

전쟁에서는 '정공법'[正]으로 대적하고 '기습법'[奇]으로 승리한다. 그러므로 기습법을 잘 쓰는 장수의 전법은 무궁하기가 천지와 같고, 마르지 않음이 강과 바다와 같다. 끝난 듯하다가 다시 시작하는 것이 해와 달과 같고, 죽은 듯하다가 다시 살아나는 것이 사계절과 같다.

소리는 다섯 가지에 지나지 않으나, 다섯 소리의 변화는 이루 다 들을 수 없다. 색은 다섯 가지에 지나지 않으나, 다섯 색깔의 변화는 이루 다 볼 수 없다. 맛은 다섯 가지에 지나지 않지만, 다섯 맛의 변화는 이루 다 맛볼 수 없다. 전세戰勢는 기습법과 정공법 두 가지에 지나지 않지만, 기습법과 정공법의 변화는 이루 다 헤아릴 수 없다. 기습법과 정공법이 잇달아 상생하는 것은, 순환이 끝없이 일어나는 것과 같다. 누가 이것을 모두 헤아릴 수 있겠는가?

5-2.
기세에서 승리를 구하라

거센 물살이 빠르게 흘러 무거운 돌도 떠내려 보내는
것이 '기세'[勢]요, 사나운 새가 질풍처럼 내려와 잡아
채고 꺾어 버리는 것이 '절도'[節]이다. 그러므로 전쟁
을 잘하는 장수는 그 기세가 맹렬하고, 절도가 간명
하다. 그 기세는 쇠뇌가 당겨진 듯 팽팽하고, 절도는
화살이 발사된 듯 쏜살같다.

어수선한 혼전 속에서도 군대를 어지럽지 않게 하며,
뒤죽박죽 난전 속에서도 진형을 갖추어 패하지 않게
해야 한다. 그러나 질서가 잡혀 있는 군대도 혼란스
러워질 수 있고, 용감한 군사도 비겁해질 수 있으며,
강한 군대도 약해질 수 있는 법. 질서와 혼란은 군대
의 편제[分數]를 갖추는 데 달려 있고, 용기와 비겁함
은 군사의 기세[勢]에 달려 있으며, 강함과 약함은 군

대의 군사력[形]에 달려 있다.

적을 마음대로 움직이는 장수는, 모습을 드러내어 적이 따르게 하고, 좋은 곳을 주어 적이 취하게 하며, 작은 이익으로 적을 유인하여 아군을 이끌고 적을 기다린다.

그러므로 전쟁을 잘하는 장수는 기세[勢]에서 승리를 구하고 사람을 탓하지 않는다. 사람의 능력에 의지하지 않고, 기세에 의지한다. 기세에 의지하는 자는 군사들을 싸우게 할 때, 나무와 바위를 굴리듯 한다. 나무와 바위의 성질은 평평한 곳에서는 가만히 있지만, 가파른 곳에서는 굴러가고, 네모난 것은 멈추어 있지만 둥근 것은 굴러간다. 그런 까닭에 전쟁을 잘하는 자가 기세를 만들어 내는 것은, 마치 둥근 바위를 천 길 높은 산 위에서 굴리는 것과 같으니, 이것이 기세[勢]이다.

『손자병법』

6부
허실(虛實): 실을 피하고
허를 공격하라

6-1.
끌려다니지 말고 끌고 다녀라

손자가 말했다.

적보다 먼저 요지를 차지해 적을 기다리는 군대는 여유가 있고, 적보다 늦게 전장에 달려가 적을 마주하는 군대는 고달프다. 그러므로 전쟁을 잘하는 장수는 적을 끌고 다니지, 적에게 끌려다니지 않는다.

적이 스스로 찾아와 싸우게 하는 것은 이익으로 유인했기 때문이고, 적이 못 오게 막는 것은 해악으로 위협했기 때문이다. 적이 편안하면 피로하게 만들고, 배부르면 굶주리게 하며, 안정되면 동요시킨다. 적이 반드시 전진할 곳으로 출동하되, 적이 생각지 못한 곳을 습격한다.

천 리의 먼 길을 행군해도 피곤하지 않은 것은, 적이 없는 곳에서 행군했기 때문이다. 공격할 때마다 반드시 승리하는 것은 적이 수비할 수 없는 곳을 공격하기 때문이다. 수비하여 반드시 굳게 지키는 것은 적이 공격할 곳을 지키기 때문이다. 그러므로 공격을 잘하는 자는 적이 수비해야 할 곳을 알지 못하게 하고, 수비를 잘하는 자는 적이 공격해야 할 곳을 알지 못하게 한다. 미묘하고, 미묘하구나! 형체 없음에 이르렀도다! 신비하고, 신비하구나! 소리 없음에 이르렀도다! 이러한 경지에 이르면 적의 생사를 주관하게 된다.

진격할 때 적이 막지 못하는 것은 적의 허점을 찌르기 때문이고, 퇴각할 때 적이 추격하지 못하는 것은 후퇴가 신속하여 뒤쫓지 못하기 때문이다. 내가 싸우고자 할 때, 적이 비록 보루를 높이 쌓고 도랑을 깊이 파도, 나와 싸우지 않을 수 없는 것은 적이 기필코 지키고자 하는 곳을 공격하기 때문이다. 내가 싸우고자 하지 않을 때, 땅에 금 하나 그어 놓고 수비를 해도, 적이 나와 싸울 수 없는 것은 적의 공격방향을 교란시키기 때문이다.

적을 드러나게 하되 나를 드러내지 않으면, 나의 힘은 집중되고 적의 힘은 분산된다. 나의 힘을 하나[一]로 모으고, 적의 힘을 열[十]로 나누면, 이는 열 배의 힘으로 하나의 힘을 공격하는 것과 같다. 나는 많아지고 적은 적어지니, 많은 것으로 적은 것을 공격하면 싸워야 할 적은 줄어든다.

내가 공격할 곳을 모르게 하면, 적이 수비해야 할 곳이 많아진다. 적이 수비해야 할 곳이 많아지면, 내가 싸워야 할 적은 줄어든다. 전방을 수비하면 후방이 약해지고, 후방을 수비하면 전방이 약해진다. 왼쪽을 수비하면 오른쪽이 약해지고, 오른쪽을 수비하면 왼쪽이 약해진다. 전후좌우 사방을 모두 수비하려다 보니, 약하지 않은 곳이 없게 된다. 적의 병력이 적어지는 것은 적이 여러 곳을 수비하기 때문이요, 나의 병력이 많아지는 것은 적이 수비하느라 분산되기 때문이다.

6-2.
형세에 맞춰 계책을 변화시켜라

싸울 곳을 밝게 알고 싸울 날을 밝게 알면, 천 리 길 되는 먼 곳에 가서도 이길 수 있다. 싸울 곳을 모르고 싸울 날을 모르면, 왼쪽이 오른쪽을 구원하지 못하고, 오른쪽이 왼쪽을 구원하지 못하며, 전방이 후방을 구원하지 못하고, 후방이 전방을 구원하지 못한다. 상황이 이러한데, 멀게는 몇십 리, 가깝게는 몇 리 밖에서 싸우는 부대를 어떻게 도울 수 있겠는가? 이로써 생각해 보건대, 월나라의 병력이 아무리 많다고 한들, 그것이 승리에 얼마나 도움이 되겠는가? 그러므로 "승리란 만들어지는 것이다"라고 하는 것이니, 적이 아무리 많아도 싸우지 못하게 하면 되는 것이다.

그러려면 계책을 세워서 이해득실을 계산하고, 적을 정탐하여 동정의 이치를 알아내며, 적진을 탐색하여 장점과 약점을 분간하고, 전력을 비교하여 남거나 부족한 처지를 알아야 한다.

최상의 군대 배치는 형세를 드러내지 않는[無形] 것이다. 형세를 드러내지 않으면 간첩이 숨어들어도 엿볼 수 없고, 적장이 지혜로워도 계책을 세울 수 없다. 형세를 이용해 승리를 거두면, 사람들은 승리의 이유를 알지 못한다. 형세로 승리했다는 것을 알 뿐, 어떻게 승리하는 형세를 만들었는지 알지 못한다. 따라서 전쟁에서 승리한 방법은 다시 쓸 수 없으며, 형세에 상응하여 끊임없이 변화시켜야 한다.

군대의 형세는 물과 같아야 한다. 물이 높은 곳을 피해 낮은 곳으로 흐르듯, 적의 실한 곳을 피하고 허한 곳을 친다. 물이 지형에 따라 그 흐름이 변하듯, 적의 형세에 따라 그 전술을 바꾼다. 그러므로 군대에는 고정된 형세가 없고 물도 고정된 모양이 없는 것이다. 적의 변화에 대응하여 승리를 얻는 자를 '신'神이라고 부른다. 이것은 오행이 상생상극相生相剋하여 항상 이기는 것이 없으며, 사계절에 항상된 자리가 없으며, 해에는 길고 짧음이 있고, 달에는 차고 기움이 있는 것과 같다.

『손자병법』

7부
군쟁(軍爭) : 유리한 조건을 선점하라

7-1.
군쟁의 딜레마

손자가 말했다.

대체로 전쟁을 수행할 때는 장수가 임금으로부터 명령을 받아들여, 군대를 편성하고 군사를 소집하여, 진지를 구축하고 적군과 대치하게 된다. 이때 적보다 유리한 조건을 차지하기 위해 경쟁하는 것만큼 어려운 일은 없으니, 이것이 곧 '군쟁'軍爭이다.

군쟁의 어려움은 무엇인가? 에둘러 가는 길을 지름길로 만들고, 불리한 조건들을 이익으로 바꾸는 일이다. 먼 길로 우회하면서 이익으로 적을 유인하면, 적보다 늦게 출발해도 먼저 도착할 수 있다. 이와 같이 한다면 '우회하면서도 곧장 가는 계책[迂直之計]을 안다'고 할 만하다.

그러므로 군쟁은 이익이 되기도 하고, 위험이 되기도

한다. 전군이 일거에 나아가 적과 이익을 다투면 기동성이 떨어져 적에게 뒤처지고, 군수품을 버리고 적과 이익을 다투면 식량과 장비의 보급에 지장이 생긴다. 갑옷을 벗어 둘둘 말아 올린 채 밤낮을 가리지 않고 머무르지 않으며 백 리의 먼 길을 두 배의 속도로 행군하면 삼군의 장수가 적에게 잡힌다. 굳센 병사들은 앞서지만 피곤한 자는 뒤처지니, 이런 방법으로는 병력의 십분의 일만 도착한다. 오십 리에 걸쳐 이익을 다투면 상장군을 잃게 되며, 이런 방법으로는 병력의 반만 도착한다. 삼십 리에 걸쳐 이익을 다투면 삼분의 이만 도착한다. 이 때문에 군대는 군수품이 없어서 망하고, 양식이 없어서 망하며, 비축 물자가 없어서 망하게 된다.

이러한 까닭에 제후의 계책을 모른 채 외교를 맺으면 안 되고, 산림과 험준한 곳과 늪지의 지형을 모른 채 행군을 하면 안 된다. 길 안내인을 이용하지 않으면 지리적 이로움을 얻지 못한다.

전쟁은 속임수로 성립하고, 이익으로 움직이며, 분산과 집합으로 변화를 삼는다. 빠를 때는 광풍과 같이 하고, 느릴 때는 숲과 같이 하며, 공격할 때는 화염과 같이 하고, 방어할 때는 산과 같이 하며, 숨을 때는 그늘과 같이 하고, 움직일 때는 번개와 같이 하라. 적지를 약탈하면 물자를 분배하고, 영토를 확장하면 이익을 분배하되, 상황을 헤아려서 때에 맞게 움직이라. '우회하면서도 곧장 가는 계책'[迂直之計]을 먼저 아는 자가 승리하니, 이것이 곧 군쟁의 법칙이다.

7-2.
아군의 마음을 모으고,
적의 마음을 흔들라

『군정』軍政이라는 옛 병서에서 이렇게 말했다.

"말을 해도 잘 들리지 않으므로 징과 북을 사용하고,
보려 해도 잘 보이지 않으므로 깃발을 사용한다."

징과 북과 깃발은 모두 병사들의 눈과 귀를 하나로
만드는 도구이다. 병사들이 하나가 되면 용감한 자라
도 홀로 진격하지 않고, 겁에 질린 자라도 홀로 퇴각
하지 않는다. 이것이 바로 많은 군사를 지휘하는 방
법이다. 야간의 전투에는 징과 북소리를 많이 사용하
고 주간의 전투에는 깃발을 많이 사용한다. 이것은
병사들의 눈과 귀를 대신하기 위함이다. 이로써 적군
의 기세를 꺾을 수 있고 적장의 마음을 흔들 수 있다.

첫째, 아침에는 기가 날카롭고, 낮에는 기가 늘어지
며, 저녁에는 기가 소진된다. 전쟁을 잘하는 사람은

적군의 기가 날카로운 때를 피하고, 늘어지고 소진될 때 공격한다. 이것이 '기를 다스리는 방법'[治氣]이다.

둘째, 질서 잡힌 군대로 적이 혼란해지기를 기다리고, 고요한 태세로 적이 소란해지기를 기다린다. 이것이 '마음을 다스리는 방법'[治心]이다.

셋째, 가까운 곳에서 먼 데서 오는 적을 기다리고, 여유로운 상태로 피곤한 적을 기다리며, 배부른 상태로 굶주린 적을 기다린다. 이것이 '힘을 다스리는 방법'[治力]이다.

넷째, 깃발에 질서가 있는 적군과는 맞서지 않고, 진영이 당당한 적군은 공격하지 않는다. 이것이 '변화를 다스리는 방법'[治變]이다.

군사를 부리는 원칙은 다음과 같다.

첫째, 높은 언덕에 있는 적에게는 대항하지 말라.

둘째, 언덕을 등지고 있는 적은 공격하지 말라.

셋째, 거짓으로 달아나는 적은 쫓지 말라.

넷째, 맹렬한 적은 공격하지 말라.

다섯째, 미끼로 유인하는 적에게 속지 말라.

여섯째, 퇴각하는 적은 막지 말라.

일곱째, 포위된 적에게 퇴로를 열어주라.

여덟째, 궁지에 몰린 적은 압박하지 말라.

이것이 군사를 쓰는 방법이다.

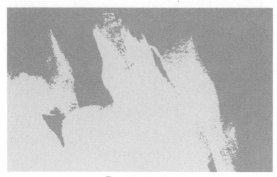

『손자병법』

8부
구변(九變): 무궁한 변화에 대응하라

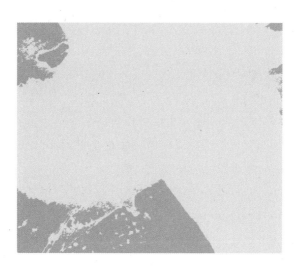

8-1.
변화에 능통하라

손자가 말했다.

대체로 전쟁을 수행할 때는 장수가 임금으로부터 명령을 받아들여, 군대를 편성하고 군사를 소집하여, 진지를 구축하고 적군과 대치하게 된다. 이때, 움푹 꺼진 땅 '비지'圮地에서는 주둔하지 말고, 사통팔달의 땅 '구지'衢地에서는 이웃 나라와 외교를 맺으며, 수풀과 식량이 없고 생존하기 어려운 땅 '절지'絶地에서는 머무르지 말며, 적에게 포위되기 쉬운 땅 '위지'圍地에서는 계책을 쓰고, 죽을 수밖에 없는 땅 '사지'死地에서는 죽을힘으로 싸워야 한다.

길에도 가지 말아야 할 길이 있고, 군대에도 치지 말아야 할 군대가 있으며, 성에도 공격하지 말아야 할 성이 있고, 땅에도 다투지 않아야 할 땅이 있으며, 임금의 명령에도 따르지 않아야 할 명령이 있다.

장수가 아홉 가지 변화의 이로움에 능통하다면, 용병用兵을 안다고 할 수 있다. 장수가 아홉 가지 이로움에 능통하지 못하면, 비록 지형을 안다고 해도 지리적 이로움을 활용할 수 없다. 장수가 군대를 다스릴 때 아홉 가지 변화의 용법을 알지 못하면, 비록 다섯 가지 이로움을 이해한다고 해도, 군사를 다스리는 데 활용할 수 없다.

지혜로운 사람은 반드시 이로움과 해로움을 함께 고려한다. 불리한 상황에서 무엇이 이로운지 생각하면 임무를 수행함에 확신을 갖게 된다. 유리한 상황에서 무엇이 해로운지 생각하면 재앙을 미리 막아 근심을 풀게 된다. 이 때문에 장수가 해로움을 이용하면 적국의 제후를 굴복시킬 수 있고, 이로움을 이용하면 적국의 제후를 유인할 수 있다.

그러므로 군사를 쓰는 방법은 다음과 같다. 적이 침범하지 않으리라 믿지 말고 그에 대비하는 자신의 준비를 믿으며, 적이 공격하지 않으리라 믿지 말고 적이 공격할 수 없게 하는 자신의 힘을 믿어야 한다.

8-2.
장수가 경계해야 할 다섯 가지

장수에게는 다섯 가지 약점[五危]이 있다.

첫째, 반드시 죽으려 하면 죽을 수 있고,

둘째, 반드시 살고자 하면 사로잡힐 수 있고,

셋째, 분을 이기지 못해 서두르면 농락당할 수 있고,

넷째, 청렴함이 지나치면 함정에 빠질 수 있고,

다섯째, 부하를 지나치게 아끼면 번거로워질 수 있다.

이 다섯 가지는 장수의 허물이요, 용병用兵의 재앙이다. 군대가 파멸하고 장수가 죽는 것은 반드시 이 다섯 가지 약점 때문이니, 깊이 살펴야 한다.

『손자병법』

9부
행군(行軍): 살피고 탐색하고
단속하라

9-1.
지형에 따른 용병법

손자가 말했다.

군대를 주둔시키고 적의 동향을 살필 때, 다음과 같이 지형을 헤아려야 한다.

산악을 횡단할 때는 골짜기를 따라가고, 숙영할 때는 높고 탁 트인 곳을 물색한다. 높은 곳에서 아래를 공격하되, 산을 거슬러 올라가며 공격하지 않는다. 이것이 산악지대의 행군법이다.

강을 건넌 뒤에는 반드시 강과 떨어진 곳에 진을 친다. 적군이 강을 건너올 경우 건너기 전에 맞서지 말고, 반쯤 건너게 하여 공격하는 것이 좋다. 이 경우 물에 가까이 붙어 공격하지 않는다. 숙영할 때는 높고 탁 트인 곳을 물색하며, 교전할 때는 물의 흐름을 거스르지 않는다. 이것이 하천 지대의 행군법이다.

개펄과 늪지대를 지날 때는 무조건 신속히 지나가며 잠시도 머무르지 않는다. 이곳에서 적과 교전할 때는 반드시 수초에 의지하고 숲을 등진 채 적을 맞는다. 이것이 개펄과 늪지대에서의 행군법이다.

평지를 지날 때는 평탄한 곳에 주둔하되, 우측과 후방은 높은 곳에 의지한다. 전방에 교전의 공간을 확보하고, 후방에 퇴각의 길을 마련한다. 이것이 평지에서의 행군법이다.

이상 네 가지 행군법의 유익함은, 옛날 황제黃帝가 사방의 제후들에게 승리했던 요인이기도 하다.

군대의 주둔지는 높은 곳이 좋고 낮은 곳은 나쁘며, 볕이 드는 곳을 귀하게 여기고 그늘진 곳을 천하게 여긴다. 생명을 보양하고 풍성한 땅에 거처하면 그 군대에 온갖 질병이 없어지니, 이렇게 하면 반드시 승리할 수 있다. 언덕과 제방 주변에 군대를 주둔시킬 때는 반드시 양지바른 땅을 차지하고, 오른쪽과 뒤편으로 높은 곳을 등진다. 상류에 폭우가 내리면 물거품이 떠내려온다. 물을 건너고자 하면 그것이 가라앉을 때까지 기다린다. 이렇듯 지형의 도움을 받아야 전투에 유리해진다.

땅에는 여러 형세가 있다. 험한 절벽 사이로 물이 흐르는 지형[絶澗], 사방이 높고 가운데가 푹 꺼진 지형

[天井], 한 번 들어가면 빠져나오기 힘든 지형[天牢], 가시덤불이 우거져 빠져나오기 힘든 지형[天羅], 지세가 낮고 진창에 발이 빠지는 함정 모양의 지형[天陷], 길이 좁고 장애가 많은 협곡 지형[天隙]이 있으니, 이런 곳은 재빨리 벗어나며 절대 가까이하지 않는다. 나는 이런 지형을 멀리하고 적은 가까이하게 하며, 나는 그곳을 전방으로 마주하고 적은 후방에 등지게 한다. 행군하는 도중에 험하고 막힌 골짜기나, 움푹 패여 물이 고인 진창이나, 풀이 무성한 늪지대나, 삼림이 무성하게 우거진 지형을 만나면, 반드시 경계하여 철저하게 수색한다. 이런 곳은 적군이 매복하기 좋은 곳이기 때문이다.

9-2.
적의 동태를 탐색하는 33가지 방법

적이 가까이 있는데도 고요한 것은 지형의 험준함을 믿고 있다는 것이다. 멀리 있는데도 싸움을 걸어오는 것은 아군을 유인하려는 것이다. 적이 평지에 진을 치고 있는 것은 지형상의 이로움을 확보했다는 것이다. 나무들이 움직이면 적이 다가온다는 것이다. 풀숲에 장애물이 많은 것은 아군에게 의심을 불러일으키려는 것이다. 새가 날아오르는 것은 그 아래에 복병이 있는 것이고, 짐승이 놀라 달아나는 것은 복병이 기습한다는 것이다. 흙먼지가 높고 뾰족하게 일어나는 것은 전차가 오는 것이요, 낮고 넓게 일어나는 것은 보병이 오는 것이다. 흙먼지가 흩어져서 일어나는 것은 땔나무를 하는 것이다. 적은 수의 병사들이 이따금 왕래하는 것은 진영을 구축하는 것이다. 적의 사신이 말을 겸손하게 하면서도 군비를 늘리는 것은 장차 공격을 준비하고 있다는 것이고, 말을 강경하게 하면서 당장 싸울 기세를 취하는 것은 퇴각을 준비하고 있다는 것이다. 경전차[輕車]가 먼저 출동해 측면에 배치된 것은 진영을 구축하려는 것이다. 약속이 없는데도 화친을 청하는 것은 음모를 꾸미고 있다는 것이다. 분주히 군사와 전차를 포진한다면 교전한다는 뜻이다. 진격할 듯 퇴각할 듯 하는 것은 아군을 유인하고자 하는 것이다.

적이 병기를 지팡이 삼아 짚고 서 있다면 굶주려 있다는 것이다. 물을 길어 서로 먼저 마시려 하는 것은 갈증이 심하다는 것이다. 이로움이 있는데도 진격하지 않는 것은 피로하다는 것이며, 새가 모여 있는 것은 적진이 비어 있다는 것이다. 밤중에 외치는 소리가 들리는 것은 두려워한다는 것이다. 군영이 소란스럽다면 장수에게 위엄이 없는 것이다. 깃발이 어지럽게 움직인다면 혼란스럽다는 것이다. 장교가 자주 화를 낸다는 것은 병사들이 게으르다는 것이다. 말을 잡아서 그 고기를 먹는다는 것은 군량이 없다는 뜻이다. 솥단지를 걸어 놓고 숙영지로 들이지 않는다는 것은 궁지에 몰려 결사항전을 준비하고 있다는 것이다. 서로 모여 끊임없이 수군거리는 것은 장군이 부하의 신망을 잃었다는 것이다. 자주 상을 주는 것은 장수의 권위가 궁색해졌다는 것이며, 자주 벌을 내리는 것은 곤경에 빠졌다는 것이다. 적장이 먼저 포악하게 화낸 뒤에 병사들을 두려워하는 것은 장수의 어리석은 정도가 극에 달했다는 뜻이다. 적의 사신이 찾아와 예물을 주고 사죄하는 것은 휴전하고 쉬려는 것이다. 적군이 성내며 진군한 뒤에 오랫동안 싸우지 않고 물러가지도 않는다면 신중하게 적의 의도를 관찰해야 한다.

9-3.
군사를 단속하는 법

전쟁은 수가 많다고 좋은 것이 아니니, 무력으로 밀어붙이려 하지 말라. 힘을 모으고 적을 헤아리면, 적을 사로잡을 수 있다. 생각 없이 적을 얕보면, 반드시 적에게 사로잡힌다.

병사들이 아직 믿고 따르지 않는데 벌로 그들을 다스리려 하면, 병사들은 마음으로 복종하지 않게 된다. 복종하지 않으면 부리기가 어려워진다. 그러나 병사들이 이미 믿고 따르는데 벌로 다스리지 않으면 병사를 부릴 수 없게 된다. 그러므로 장수는 문덕으로 명령하고, 무력으로 다스려야 한다. 이렇게 되면 군사들을 취하고 나아가 적을 취하니, 이를 일러 '반드시 승리한다'고 한다. 평소에 명령이 잘 시행되는 상황에서 장수가 문덕으로 병사들을 가르치면, 병사들은 마음으로 복종한다. 평소에 명령이 시행되지 않는 상황에서 장수가 문덕으로 가르치면, 병사들은 마음으로 복종하지 않는다. 명령이 평소에 시행되게 하려면 병사들에게 신뢰를 얻어야 한다.

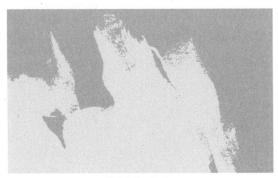

『손자병법』

10부
지형(地形): 지형을 활용하고
마음을 다스려라

10-1.
여섯 가지 외부적 지형

손자가 말했다.

지형에는 '통형'通形, '괘형'掛形, '지형'支形, '애형'隘形, '험형'險形, '원형'遠形이 있다.

우리도 갈 수 있고 적도 올 수 있는 곳을 '통형'通形이라 한다. 이런 곳은 높고 양지바른 곳을 선점할 수 있고, 식량 보급로를 확보하기 쉬우므로, 적과 싸울 때 유리하다.

진격하기는 쉽지만 퇴각하기는 어려운 곳을 '괘형'掛形이라 한다. 이런 곳은 적의 방비가 소홀하다면 진격해 승리할 수 있지만, 적이 방비하고 있는 상황이라면 승리를 장담할 수 없다. 진격했다가 승리하지 못하면 되돌아오기 어려운 상황이 되니, 불리하다.

아군이 진격해도 이롭지 않고, 적군이 진격해도 이롭

지 않은 곳을 '지형'支形이라 한다. 이런 곳은 싸움에 승산이 있어도 출격해서는 안 된다. 군사를 이끌고 물러나는 척하여 적으로 하여금 반쯤 나오게 한 뒤에 반격하면 유리하다.

두 산 사이에 끼어 있어 수비하기는 쉬워도 공격하기는 어려운 곳을 '애형'隘形이라 한다. 이런 곳을 아군이 먼저 점령했다면 반드시 병력을 가득 채워 적을 기다린다. 적이 그곳을 점령하여 병력을 포진시켜 놓았다면 그곳을 지나가지 않아야 한다. 병력을 채워 놓지 않고 있으면 그곳을 공격하면 된다.

지세가 험준하여 행군하기 좋지 않은 곳을 '험형'險形이라 한다. 이런 곳을 아군이 먼저 점령했다면 반드시 높고 양지바른 곳에 주둔해 적을 기다린다. 적이 점령했다면 군대를 인솔해 그곳을 떠나고 적과 싸우지 않는다.

아군과 적군의 거리가 서로 멀리 떨어진 곳을 '원형' 遠形이라 한다. 이런 곳에서 양군의 형세가 서로 비슷하면 서로 싸우지 않는 것이 좋다.

이상 여섯 가지는 지형을 이용하는 원칙이요, 장수로서의 지극한 의무이니, 철저히 살펴야 한다.

10-2.
여섯 가지 내부적 지형

전쟁에 패배하는 군대에는 '주병'走兵, '이병'弛兵, '함병'陷兵, '붕병'崩兵, '난병'亂兵, '배병'北兵이 있다. 무릇 이 여섯 가지는 하늘이 내리는 재앙이 아니라 장수의 허물이다.

양쪽의 세력은 비슷하나 전력이 분산되어 한 명의 병사가 열 명의 적을 상대하면 아군은 패배하여 도망가게 되니, 이러한 군대를 '주병'走兵이라 한다.

병사들은 강한데 장수가 나약하면 군대의 기강이 해이해지니, 이러한 군대를 '이병'弛兵이라 한다.

장수가 강한데 병사들이 약하면 적의 함정에 빠지기 쉬우니, 이러한 군대를 '함병'陷兵이라 한다.

군관들이 분노하여 복종하지 않고, 적군과 마주치면 제멋대로 출전하나, 장수가 그들의 능력을 파악하지 못하면 군대의 질서는 붕괴될 것이니, 이런 군대를 '붕병'崩兵이라 한다.

장수가 나약하고 위엄이 없어 교육과 훈련이 명확하지 않고, 군관과 병사 사이에 질서가 없으면, 군대의 체계는 어지러워질 것이니, 이런 군대를 '난병'亂兵이라 한다.

장수가 적의 상황을 제대로 판단하지 못해 적은 군사로 많은 군사와 맞서게 하며, 약한 군사로 강한 군사와 대적하게 하여, 병사들이 선봉으로 서지 않으려 한다면 군대는 적에게 패배할 것이니, 이런 군대를 '배병'北兵이라 한다.

이 여섯 가지 상황이 곧 패배의 길이요, 장수의 지극한 책임이니, 철저히 살펴야 한다.

10-3.
적을 알고, 자신을 알고, 하늘을 알고, 땅을 알고

전투를 할 때는 지형의 도움을 받아야 한다. 적을 헤아려 승리를 얻기 위해서는, 지형의 험난함과 평탄함, 멀고 가까움을 계산해야 하니, 이것은 장수의 도리이다. 이것을 알고 전쟁을 하는 자는 반드시 승리하고 이것을 알지 못하고 전쟁을 하는 자는 반드시 패한다. 따라서 전쟁의 이치상 반드시 이길 수 있으면, 임금이 싸우지 말라고 해도 싸우는 것이 옳고, 전쟁의 이치상 이길 수 없으면, 임금이 반드시 싸우라고 해도 싸우지 않는 것이 옳다. 진격할 때엔 명예를 구하지 말고, 후퇴할 때엔 죄를 피하지 말라. 오직 백성을 보호하고, 임금의 이익을 생각하는 장수야말로 나라의 보배이다.

장수가 병사를 어린아이를 대하듯 아끼면, 병사들은

장수와 함께 깊은 계곡을 달려갈 것이다. 장수가 병사를 자기 자식을 대하듯 사랑하면 군사들은 장수와 함께 죽음을 무릅쓸 것이다. 그러나 사랑하기만 하면 명령을 내릴 수 없고, 후하게만 대하면 부릴 수 없고, 자유롭게 풀어주기만 하면 다스릴 수 없다. 비유하건대 버릇없는 아이처럼 쓸모없게 된다.

내가 적을 공격할 수 있다는 것만 알고, 적이 나를 공격할 수 없다는 것을 모르면 승산은 반이다. 적이 나를 공격할 수 있다는 것만 알고, 내가 적을 공격할 수 없다는 것을 모르면 승산은 반이다. 적이 나를 공격할 수 있다는 것을 알고, 내가 적을 공격할 수 있다는 것을 알면서도, 그 지형이 싸울 수 없는 곳임을 모르면 승산은 반이다. 따라서 병법을 아는 자는 적의 움직임에 미혹되지 않고, 군사를 일으킴에 변화가 끝이 없다.

그러므로 적을 알고 자신을 알면 승리는 위태롭지 않고, 하늘을 알고 땅을 알면 승리는 완전해진다.

『손자병법』

11부
구지(九地): 지형에 따라 전술을
운용하라

11-1.
지형에 맞게 싸워라

손자가 말했다.

전쟁터의 지형에는 '산지'散地, '경지'輕地, '쟁지'爭地, '교지'交地, '구지'衢地, '중지'重地, '비지'圮地, '위지'圍地, '사지'死地가 있다.

제후가 자기 땅에서 싸우면 그곳을 '산지'라 한다. 적지에 들어갔으나 깊지 않은 곳을 '경지'라 한다. 내가 얻어도 유리하고 적이 얻어도 유리한 곳을 '쟁지'라 한다. 나도 갈 수 있고 적도 올 수 있는 곳을 '교지'라 한다. 여러 나라와 인접해 있어 먼저 도착하면 천하를 얻을 수 있는 곳을 '구지'라 한다. 적지에 깊이 들어가 배후에 성읍이 많은 곳을 '중지'라 한다. 산림이나 험한 길, 습지 등 통과하기 어려운 곳을 '비지'라 한다. 들어가는 길은 좁고 돌아오는 길은 멀어서, 적이 적은 병력으로 우리의 많은 병력을 칠 수 있는 곳을 '위지'라 한다. 신속하게 싸우면 살고, 그렇지 않으면 죽는 곳을 '사지'라 한다.

산지에서는 싸우지 말고, 경지에서는 멈추지 말며, 쟁지에서는 공격하지 말고, 교지에서는 연락을 끊지 말며, 구지에서는 외교를 잘하고, 중지에서는 약탈하며, 비지에서는 신속히 통과하고, 위지에서는 벗어날 계책을 세우며, 사지에서는 죽기로 싸워야 한다.

옛날에 전쟁을 잘하는 사람은 적군의 전방과 후방이 서로 이어지지 못하게 하고, 주력 부대와 소부대가 서로 의지하지 못하게 했다. 신분이 귀한 사람과 천한 사람이 서로 구원하지 못하게 하고, 상급자와 하급자가 서로 도와주지 못하게 했다. 적군이 흩어지면 모이지 못하게 하고, 모이면 혼란스럽게 했다. 또, 아군에게 이로우면 움직이고, 이롭지 않으면 멈추었다.

"적의 대군이 대오를 갖춘 채 진격해 온다면 어떻게 할 것인가?" 누군가 이렇게 묻는다면, 나는 답할 것이다. "적군이 가장 아끼는 것을 빼앗으라. 그러면 적은 우리 요구를 듣게 된다." 전쟁의 상황에서 가장 중요한 것은 속도이다. 적이 손쓸 수 없는 틈을 노리고, 적이 예측하지 못하는 길을 가며, 적이 경계하지 않는 곳을 공격해야 한다.

11-2.
병사들을 사지에 몰아넣어라

적국에 침투하는 방법은 다음과 같다. 적진 깊숙한 곳으로 군대를 진입시켜라. 깊이 들어가면 갈수록 병사들은 더욱 단결하게 되니, 적군은 아군을 이길 수 없게 된다. 적국의 들판이 풍요로우면 약탈하여 삼군을 충분히 먹이라. 군사들을 잘 먹이고 피로하지 않게 하면, 사기가 진작되고 힘이 충전된다. 그리하여 군사를 운용함에 계책을 도모하여, 적이 예측할 수 없게 하라.

물러설 곳 없는 궁지로 군대를 던져 넣으면, 병사들은 죽음을 무릅쓰고 싸워 달아나지 않는다. 이기지 못할 바에야 차라리 죽음을 각오하게 되니, 지휘관과 병사가 한마음이 된다. 병사들은 빠져나갈 길이 없을수록 오히려 두려워하지 않고, 달아날 길이 없을수록 오히려 굳세지며, 적진에 깊숙이 침투할수록 오히려 결집되니, 부득이하면 더욱 필사적으로 싸우는 법이다.

그러므로 이런 군대는 훈련시키지 않아도 스스로 경계하고, 요구하지 않아도 스스로 노력하며, 약속하지 않아도 서로 협력하고, 명령하지 않아도 저절로 규율을 지킨다. 미신을 금하고 의심을 없애면, 죽음에 이르러도 물러서지 않는다.

아군의 병사들이 재물을 돌보지 않고 싸우는 것은, 그들이 재물을 싫어해서가 아니다. 목숨을 돌보지 않고 싸우는 것은, 그들이 살기를 싫어해서가 아니다. 출전명령이 내려지면, 병사들 중 앉은 이는 그 눈물이 옷깃을 적시고, 누운 이는 눈물이 턱밑을 타고 흐른다. 이런 이들을 갈 곳이 없는 곳에 던져 넣으면, 모두들 전제專諸와 조귀曹劌처럼 용감하게 싸운다.

전쟁을 잘하는 장수는 자기 군대를 솔연率然처럼 만든다. 솔연은 상산常山: 고대 중국의 신령스런 다섯 산[五嶽] 중 북쪽의 산의 뱀이다. 이 뱀은 머리를 치면 꼬리가 달려들고, 꼬리를 치면 머리가 달려들며, 한가운데를 치면 머리와 꼬리가 모두 달려든다. "병사들을 솔연처럼 부릴 수 있겠는가?" 누군가 묻는다면 이렇게 답하리라. "물론, 할 수 있다!" 오나라 사람과 월나라 사람은 서로를 원수로 여긴다. 하지만 한 배를 타고 가다 바람을 만나면 서로 구원해 주는 것이 마치 한 사람의 왼손과 오른손 같을 것이다.

말을 나란히 묶고 수레바퀴를 땅속 깊이 묻어서, 병사들의 탈영을 막을 수는 없다. 결전의 각오를 다지게 할 수도 없다. 이러한 방안은 결코 따를 만한 것이 못 된다. 병사들의 용기를 하나로 결집시키려면, 군정의 도道를 따라야 한다. 강한 병사와 약한 병사를 모두 나아가 싸우게 하려면, 지리의 이치[理]를 활용해야 한다. 그러므로 용병을 잘하는 장수는 전군이 손을 잡고 한 사람처럼 협력하게 하니, 이것은 그들로 하여금 그렇게 하지 않을 수 없게 했기 때문이다.

군대를 거느리는 일은 침착하면서도 음흉하고, 바르면서도 장악력이 있어야 한다. 병사들의 눈과 귀를 어둡게 해 병사들이 함부로 판단하지 못하게 하고, 임무를 바꾸고 계책을 변경해 병사들이 멋대로 내다보지 못하게 하며, 주둔지를 옮기거나 행군로를 우회하여 병사들이 허투루 추측하지 못하게 한다.

결전이 기약된 날이 오면, 병사들을 높은 곳에 올려놓고 사다리를 치우듯이 하라. 적진에 깊이 들어가야 할 때는, 쇠뇌에서 화살이 떠나듯이 하라. 타고 간 배를 불태우고 솥단지를 깨부수라. 마치 양떼를 다루듯이, 이리로 몰고 저리로 몰아, 병사들로 하여금 어디로 가는지 모르게 하라. 삼군의 무리를 모아 위험 속에 던져 넣는 것, 이것이 장군의 일이다. 그러므로 아홉 가지 지리의 변화와, 나아가고 물러서는 것의 이익과 병사들의 정서의 이치에 대해서 자세히 살펴야 한다.

11-3.
구지에 따른 용병법

적지에 들어가 싸우는 군대는 깊이 들어갈수록 단결하여 전념해 싸우고, 얕게 들어갈수록 분산되어 흩어지는 법이다.

자기 나라를 떠나 국경을 넘어 싸우는 곳을 '절지'絶地라고 한다. 사방으로 길이 통하는 곳을 '구지'衢地라 한다. 적지에 깊이 들어간 곳을 '중지'重地라 한다. 적지에 조금 들어간 곳을 '경지'輕地라 한다. 뒤로 험한 산이 있고 앞으로 통로가 협소한 곳을 '위지'圍地라 한다. 사방으로 나아갈 길이 없는 곳을 '사지'死地라 한다.

자국에서 싸우는 '산지'散地에서는 병사들의 마음을 하나로 단결시켜야 한다. 적지에 조금 들어간 '경지'輕地에서는 행군이 끊어지지 않게 해야 한다. 전략상의 요충지인 '쟁지'爭地에서는 재빠르게 적의 후방을 공략해야 한다. 아군과 적군이 오가기 쉬운 '교지'交地에서는 굳게 지키는 데 힘써야 한다. 인접한 나라가 많아 외교가 중요한 '구지'衢地에서는 이웃 나라와의 유대를 군건히 해야 한다. 적지에 깊이 들어간 '중지'重地에서는 식량의 조달에 힘써야 한다. 삼림과 늪지대 등으로 지형이 험난한 '비지'圮地에서는 신속히 그 지역을 지나가야 한다. 포위된 지형인 '위지'圍地에서는 탈출구를 차단하여 필사적으로 싸우게 해야 한다. 싸우지 않으면 죽게 되는 '사지'死地에는 병사들에게 살 길이 없음을 보여야 한다.

병사들의 마음은 포위당하면 항거하고, 어쩔 수 없어지면 싸우며, 위급해지면 따르는 법이다.

11-4.
처녀처럼 시작하고 토끼처럼 움직여라

이웃 나라의 책략을 알지 못하는 자는 외교를 할 수 없다. 산림, 지세의 험준함, 늪지의 형상을 알지 못하는 자는 행군을 할 수 없다. 현지의 길잡이를 쓰지 않는 자는 지형의 이로움을 얻을 수 없다. 이 가운데 하나만 몰라도 패왕霸王의 군대가 될 수 없다.

패왕의 군대가 전쟁을 할 때, 상대가 비록 대국일지라도, 적국으로 하여금 병력을 집결하지 못하게 하고, 위협을 가하여 다른 나라와 동맹을 맺지 못하게 한다. 이렇게 하면 천하의 제후들과 외교를 다툴 필요가 없고, 천하의 세력들과 권세를 다툴 필요가 없다. 오직 자신의 능력을 펼치는 것만으로 적에게 위협을 가할 수 있으니, 그리하여 적국의 성읍을 빼앗기도 하고, 적국의 도성을 허물기도 하는 것이다.

관례를 깨는 포상을 베풀기도 하고, 군법에 없는 명령을 내걸기도 하면, 전군을 마치 한 사람처럼 부릴 수 있다. 병사들을 부릴 때는 구체적인 사안으로 지시하되, 그 이유를 구구절절 설명하지 않는다. 유리한 조건만 말해 주고, 불리한 조건은 말해 주지 않는다. 병사들은 위험한 곳에 던져진 후에야 온전히 보존되고, 죽을 땅에 빠뜨려진 뒤에야 무사히 살아남는다. 모름지기 병사들이란 위험에 빠진 뒤에야 승부를 도모하기 마련이다.

전쟁을 할 때는 적의 의도를 상세히 파악하여, 적이 원하는 대로 움직이는 척하다가, 아군의 힘을 집중시켜 적의 약점을 공략해야 한다. 그러면 천 리 바깥에 있는 적장도 죽일 수 있다. 이것이 곧 '교묘함으로 일을 성취시킨다'는 것이다.

군사를 일으키는 날에는 국경의 관문을 차단하고 통행증[符節]을 끊어 버리고, 사신의 왕래를 금지시킨다. 조정에서는 힘써 계책을 마련하며, 그 일이 누설되지 않게 단속한다. 적국이 틈을 보이면 반드시 그 기회를 잡아 침입하고, 먼저 적이 아끼는 곳을 선점한 뒤, 은밀하게 적을 기다려 먹줄로 줄을 치듯 적을 뒤쫓아 전투의 일을 결정짓는다. 전투를 시작할 땐 처녀와 같이 하라. 그러면 적이 스스로 성문을 열게 될 것이다. 전투가 시작되면 우리를 벗어난 토끼와 같이 하라. 그러면 적이 미처 저항하지 못하게 될 것이다.

『손자병법』

12부
화공(火攻): 화공을 쓸 때 신중해져라

12-1
다섯 가지 화공火攻

손자가 말했다.

화공火攻의 종류에는 다섯 가지가 있다.

적병을 불태우는 '화인'火人, 식량을 불태우는 '화적'火積, 군수품을 불태우는 '화치'火輜, 무기고를 불태우는 '화거'火車, 후방 보급로를 불태우는 '화대'火隊가 그것이다.

화공을 행하려면 반드시 일정한 조건이 갖춰져야 한다. 불을 지피려면 반드시 불붙일 재료가 있어야 한다. 불이 타오르려면 '때'[時]가 맞아야 하고 불길이 번져 나가려면 '날'[日]이 맞아야 한다. '때'라는 것은 하늘의 건조함이다. '날'이라는 것은 달이 별자리 '기'箕, '벽'壁, '익'翼, '진'軫 중 어느 하나를 지나는 날을 말한다. 즉, 달이 이 네 개의 별자리를 통과할 때가 바로 바람이 일어나는 날이다.

화공을 실시할 때는 반드시 다음 다섯 가지 상황 변화에 따라 대응해야 한다. 적진 안에서 불이 일어나면 밖에서 이에 응해 재빨리 공격한다. 불이 일어나도 적군이 조용하면 성급하게 공격하지 말고 기다린다. 불길이 맹렬할 때는 공격할 수 있으면 공격하고 공격할 수 없으면 그쳐야 한다. 적진의 외부에서 불을 지를 수 있으면 적진 안의 내통자가 불을 지르기를 기다리지 말고 때에 맞춰 불로 공격한다. 화공은 바람이 위를 향해 불어 나갈 때 실시하고, 아래로 불어 내려올 때는 공격하지 않는다. 또, 낮에 바람이 오래 지속되면 밤에는 그친다는 것을 염두에 두라. 반드시 이 다섯 가지 상황 변화를 알고, 그에 따라 화공을 실행해야 한다.

12-2.
화공의 이익과 위험

화공火攻으로 공격을 도우면 그 효과가 분명하고, 수
공水攻으로 공격을 도우면 그 위력이 막강하다. 그러
나 수공은 적을 끊어놓을 수는 있어도, 적을 궤멸시
키지는 못한다.

전쟁에서 이기고 적의 진지를 빼앗아도 그 공을 지키
지 못하면 불길하다. 이것을 이름하여 '쓸데없이 낭
비함'[費留]이라 한다. 그러므로 총명한 임금은 이것
을 염려하고 유능한 장수는 이것을 숙고하여, 이익이
없으면 움직이지 않고, 얻는 것이 없으면 용병하지
않고, 위태롭지 않으면 싸우지 않는다. 임금 된 자가
한때의 분노로 군대를 일으켜서는 안 되고, 장수 된
자가 순간의 화풀이로 싸워서는 안 된다. 이익이 있
으면 움직이되, 이익이 없으면 멈춰야 한다. 한때의

분노는 시간이 지나 기쁨이 될 수 있고, 한때의 노여움은 시간이 지나 즐거움이 될 수 있으나, 나라는 멸망하면 다시 세울 수 없고, 사람이 죽으면 다시 살릴 수 없다. 그러므로 총명한 임금은 전쟁을 신중히 하고, 유능한 장수는 전쟁을 경계한다. 이것이 나라를 편안하게 하고 군대를 온전하게 하는 이치이다.

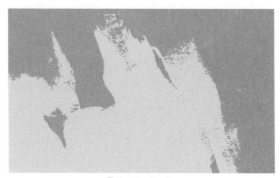

『손자병법』

13부
용간(用間): 간첩을 활용하라

13-1.
간첩의 중요함

손자가 말했다.

군사 10만 명을 일으켜 천 리 밖으로 출정시키려면, 백성의 세금과 나라의 재정이 하루에 천 금이 소모된다. 이로써 나라 안팎이 소란해지고, 군수물자를 운반하느라 도로가 가득 차며, 생업에 힘쓰지 못하는 자가 70만 가구에 이르게 된다. 아군과 적군이 수 년 동안 서로 대치하는 것은 하루아침의 승리를 쟁취하기 위한 것이다. 그런데도 작위와 봉록 백 금이 아까워 간첩을 쓰지 않아 적의 정황에 어둡게 되어 결국 싸움에 지는 것은 어질지 못함의 극치이다. 이런 자는 군사의 장수라 할 수 없고, 임금의 보좌라 할 수 없으며, 승리의 주인이라 할 수 없다.

그러므로 총명한 임금과 유능한 장수는 움직이면 적

을 이기고 전쟁에 나서면 성공하는데, 이것은 적의 실정을 먼저 알기 때문이다. 적의 실정을 미리 안다는 것은 귀신에게 도움을 받은 것이 아니요, 일에 나타난 징조를 보는 것도 아니며, 별자리를 보고 점을 친 것도 아니고, 반드시 사람을 취하여 적의 정황을 알아내는 것이다.

간첩을 쓰는 방법에는 다섯 가지가 있으니, 첫째는 '향간'郷間, 둘째는 '내간'內間, 셋째는 '반간'反間, 넷째는 '사간'死間, 다섯째는 '생간'生間이다. 이 다섯 가지 간첩이 모두 활동해도 적은 아군이 간첩을 쓴다는 것을 눈치 채지 못한다. 이를 일러 '신비의 단초'[神紀]라 하니, 임금의 보배이다.

'향간'郷間은 그 지역 주민을 첩자로 쓰는 것이다.

'내간'內間은 적국의 관리를 포섭하여 아군의 첩자로 쓰는 것이다.

'반간'反間은 적의 간첩을 매수하여 역이용하는 것이다.

'사간'死間은 아군의 첩자에게 거짓된 정보를 주어 적국에 전해지게 하는 것이다.

'생간'生間은 적국을 정탐한 뒤 살아 돌아와 정보를 보고하는 것이다.

그러므로 삼군의 관계 가운데 간첩보다 더 친밀한 것

은 없고, 포상 가운데 간첩에게 주는 것보다 더 후한 것은 없으며, 일 가운데 간첩의 일보다 더 은밀한 것은 없다. 성현의 지혜를 가진 자가 아니면 간첩을 쓸 수 없으며, 어질고 의로운 자가 아니면 간첩을 부리지 못하고, 신묘한 자가 아니면 간첩의 성과를 얻지 못한다. 미묘하고도 미묘하도다. 간첩을 쓰지 않을 수가 없구나! 그러나 간첩의 일이 아직 시작되지 않았는데 비밀이 누설되어 먼저 그것을 들은 이가 있으면, 간첩과 이를 알려온 자 모두는 죽어야 한다.

13-2.
간첩을 활용하는 법

적의 부대를 공격하거나, 적의 성을 공략하거나, 적
국의 인물을 제거하고자 할 때에는, 반드시 먼저 그
수비하는 장수나 임금의 좌우에 있는 측근이나 연락
병과 문지기, 관사를 지키는 자의 이름 등을 알아야
하니, 아군의 간첩으로 하여금 그들을 탐색하여 알아
내게 한다. 아군의 진영에서 활동하는 적의 간첩은
반드시 찾아내, 이익으로 포섭하고 교육시켜 적국에
돌려보내면 '반간'反間으로 이용할 수 있다.
반간을 통하여 적국의 상황을 알게 되므로 '향간'鄕間
이나 '내간'內間도 얻어서 부릴 수 있다. 또한 반간을
통해 적이 아군의 정보를 알게 되니, '사간'死間을 적
국에 투입한 셈이 되어 거짓된 정보를 적에게 알릴
수 있게 되고, '반간'을 통하여 첩자들 간에 접선도 가

능하므로 '생간'生間을 도와 기일 내에 돌아가게 할 수 있다.

이 다섯 가지 간첩의 일을 임금이 반드시 알고 있어야 하는데, 그중에서도 가장 중요한 것은 반간의 활용법이다. 그러므로 반간은 후하게 대우하지 않으면 안 된다.

옛날에 은나라가 일어날 수 있었던 것은 하나라에 이윤이 있었기 때문이며, 주나라가 일어날 수 있었던 것은 은나라에 강태공이 있었기 때문이다. 그러므로 총명한 임금과 유능한 장수가 지혜로운 자를 간첩으로 삼으면 반드시 커다란 공을 세울 것이다. 이것이 전쟁의 핵심이요, 삼군이 믿고 움직이는 바다.

오기가 말했다. "옛날에 나라를 잘 다스리는 임금은 반드시 먼저 백성을 가르쳐 만민의 친화를 이루는 것을 우선으로 여겼습니다. 여기 네 가지 화합하지 못하는 경우가 있습니다.

첫째, 나라가 화합하지 못하면 출병할 수 없고,

둘째, 군대가 화합하지 못하면 진을 칠 수 없고,

셋째, 진영이 화합하지 못하면 진격할 수 없고,

넷째, 진격 중에 화합하지 못하면 결전을 치를 수 없습니다.

이런 까닭에 도가 있는 임금은 백성을 부릴 때 반드시 먼저 화합을 이루고 나서 큰일을 도모했던 것입니다. 그것도 임금 자신의 사사로운 생각에 의한 것이 아닌지, 반드시 먼저 종묘에 고하여 거북점을 치고 천시를 살펴 길조가 나온 후에야 군사를 일으켰습니다. 그래야 백성들은 임금이 자신들의 목숨을 소중히 여기고 희생을 아까워한다고 믿게 됩니다. 이런 연후에 전쟁에 임하면 병사들은 나아가 죽는 것을 영광으로 여기고 물러나 사는 것을 치욕으로 여기게 됩니다."

낭송Q시리즈 서백호
손자병법/오자병법

『오자병법』
吳子兵法

『오자병법』

1부
도국(圖國): 치국을 도모함

1-1.
안으로 덕을 닦고 밖으로 힘을 키워라

오기吳起가 선비의 옷을 입고 병법에 대해 이야기하고자 위魏나라 문후文侯를 찾았다. 문후가 말했다.

"과인은 전쟁과 관련된 일은 좋아하지 않소."

오기가 말했다.

"저는 드러난 것을 미루어 숨겨진 것을 점칠 수 있고, 지나간 일을 미루어 다가올 일을 살필 수 있습니다. 임금께선 어찌하여 속마음과 다른 말씀을 하십니까? 지금 임금께서는 계절마다 사람을 시켜 짐승의 가죽을 벗겨 그 위에 붉은 옻칠을 하고 단청을 입혀 물소와 코끼리의 모양을 그려 넣고 있습니다. 이런 갑옷은 겨울에 입어도 따뜻하지 않고 여름에 입어도 시원하지 않습니다.

만들고 계신 창을 보면, 긴 창의 길이는 2장丈 4척尺이나 되고, 짧은 창의 길이는 1장 2척이나 됩니다.

전차를 예로 들면 가죽을 덮어 전차의 문을 막고, 꾸미지도 않은 바퀴에 차축을 찔러 넣고 계십니다. 이들은 모두 눈으로 보기에 화려하지 않을뿐더러, 그 수레를 타고 사냥하기에도 적당하지 않으니, 임금께서 장차 이것들을 어디에 쓰시려는 것인지 알지 못하겠습니다.

뿐만 아닙니다. 공격하고 방어할 만한 무기를 갖추었다 해도 이를 운용할 인재가 없다면, 이는 마치 갓 깨어난 병아리가 살쾡이에게 덤비는 것과 같고, 젖먹이 강아지가 호랑이에게 덤비는 것과 같습니다. 비록 투지가 있다 해도 맞붙는 즉시 죽고 말 것입니다.

옛날 승상씨丞桑氏는 덕德만을 닦고 무武를 폐하여 망국의 화를 입었고, 유호씨有扈氏는 백성이 많은 것을 믿고 전쟁을 일삼다가 사직을 잃고 말았습니다. 밝은 임금은 이를 거울로 삼아 안으로 문덕文德을 닦고 밖으로 무비武備에 힘써야 할 것입니다. 그러므로 적을 마주해도 나아가 싸우지 않는 것은 의롭다[義] 할 수 없고, 싸우다 죽은 시신을 보고 슬퍼하고만 있으면 인仁하다 할 수 없는 것입니다."

이 말을 들은 문후는 몸소 자리를 마련하고, 부인에게 술잔을 올리게 해 조상의 사당에 아뢴 뒤에, 오기를 세워 대장으로 삼아 서하西河를 지키게 했다. 그후 위나라는 제후들과 76회의 큰 전쟁을 벌여 모두 64회의 승리를 거두고, 나머지 12회는 무승부를 이루었다. 이로써 사방으로 땅을 넓혀 천 리의 땅을 개척했으니, 이는 모두 오기의 공이다.

1-2.
화합이 우선이다

오기가 말했다.

"옛날에 나라를 잘 다스리는 임금은 반드시 먼저 백성을 가르쳐 만민의 친화를 이루는 것을 우선으로 여겼습니다. 여기 네 가지 화합하지 못하는 경우가 있습니다.

첫째, 나라가 화합하지 못하면 출병할 수 없고, 둘째, 군대가 화합하지 못하면 진을 칠 수 없고, 셋째, 진영이 화합하지 못하면 진격할 수 없고, 넷째, 진격 중에 화합하지 못하면 결전을 치를 수 없습니다.

이런 까닭에 도가 있는 임금은 백성을 부릴 때 반드시 먼저 화합을 이루고 나서 큰일을 도모했던 것입니다. 그것도 혹시 임금 자신의 사사로운 생각에 의한 것이 아닌지, 반드시 먼저 종묘에 고하여 거북점을 치고 천시를 살펴 길조가 나온 후에야 군사를 일으켰습니다. 그래야 백성들은 임금이 자신들의 목숨을 소중히 여기고 희생을 아까워한다고 믿게 됩니다. 이런 연후에 전쟁에 임하면 병사들은 나아가 죽는 것을 영광으로 여기고 물러나 사는 것을 치욕으로 여기게 됩니다."

1-3.
덕을 닦으면 흥하고 버리면 쇠한다

오기가 말했다.

"도道라는 것은 근본으로 돌아가 새로이 시작하는 원인이고, 의義라는 것은 일을 행하여 공을 세우는 원인이고, 모謀라는 것은 손해에서 벗어나 이익을 따르게 하는 원인이며, 요要라는 것은 업적을 보존하고 성과를 이루게 하는 원인입니다. 만약 행동이 도에 맞지 않고, 거동이 의에 맞지 않으면서 요직에 거하며 부귀를 차지한다면 반드시 재앙이 찾아들게 됩니다.

이런 까닭에 성인은 도로써 천하를 편안하게 하고, 의로써 나라를 다스리며, 예禮로써 사람을 움직이게 하고, 인仁으로써 백성을 어루만지니, 이 네 가지 덕을 잘 닦으면 나라가 일어날 것이요, 이것을 버리면 나라가 쇠할 것입니다.

옛날 은나라 탕왕湯王이 하나라 걸왕桀王을 토벌하자 하나라 백성들은 즐거워했고, 주나라 무왕武王이 은나라 주왕紂王을 토벌하자 은나라 사람들은 이를 비난하지 않았습니다. 이것은 하늘과 사람의 뜻에 순응했기 때문에 능히 그와 같았던 것입니다."

1-4.
부끄러움을 알게 하라

오기가 말했다.

"나라를 제어하고 군대를 다스리려면, 반드시 먼저 예로써 가르치고 의로써 권장하여, 부끄러움을 알게 해야 합니다. 사람에게 부끄러워하는 마음이 있으면 크게는 적에게 나아가 싸울 수 있고, 작게는 적의 침략을 지켜낼 수 있습니다. 그러나 전쟁에서 이기기는 쉬워도 지키기는 어렵습니다. 그러므로 '천하에 전쟁을 치르는 나라로서 다섯 번 겨루어 이기는 나라는 반드시 화를 입을 것이요, 네 번 겨루어 이기는 나라는 피폐해지고, 세 번을 겨루어 이기는 나라는 패자霸者가 되고, 두 번을 겨루어 이기는 나라는 왕王이 되며, 단 한 번에 이기는 나라는 황제[帝]가 된다'고 하는 것입니다. 그러므로 여러 번 싸워 천하를 얻은 자는 드물고, 오히려 망하는 자가 더 많습니다."

1-5.
전쟁의 원인과 군대의 유형

오기가 말했다.

"전쟁이 일어나는 원인에는 다섯 가지가 있습니다. 첫째, 명분을 다투기 때문이요[爭名], 둘째, 이익을 다투기 때문이요[爭利], 셋째, 증오심이 쌓였기 때문이요[積惡], 넷째, 나라 안이 어지럽기 때문이요[內亂], 다섯째, 기근이 들었기 때문입니다[因饑].

또한 군대의 유형에도 다섯 가지가 있으니, 첫째는 의병義兵, 둘째는 강병强兵, 셋째는 강병剛兵, 넷째는 폭병暴兵, 다섯째는 역병逆兵입니다.

폭정을 물리치고 혼란에서 나라를 구하는 군대를 의병義兵이라 하고, 무력만 믿고 정벌에 나선 군대를 강병强兵이라 하고, 분노를 참지 못해 일어난 군대를 강병剛兵이라 하고, 예의를 버리고 이익을 탐하는 군대를 폭병暴兵이라 하고, 나라가 어지럽고 백성이 피로

한데 억지로 동원된 군대를 역병逆兵이라 합니다.

이 다섯 가지 경우에는 각각에 맞는 대처법이 있으니, 의병은 반드시 예禮로써 복종시키고, 강병彊兵은 반드시 겸손으로 복종시키고, 강병剛兵은 반드시 설득으로 복종시키고, 폭병은 반드시 속임수로 복종시키며, 역병은 반드시 권위로 복종시키십시오."

1-6.
백성을 살펴 정예병을 얻어라

위나라 문후의 아들 무후武侯가 말했다.

"군사를 다스리고, 사람의 재능을 헤아리며, 나라를 굳건히 하는 방도를 듣고 싶소."

오기가 답했다.

"옛날의 밝은 임금은 반드시 군신간의 예를 삼가, 상하의 예의를 정돈했으며, 백성과 관리를 모아 편안하게 하여, 풍속에 따라 가르치고, 훌륭한 인재를 가려 뽑아 뜻밖의 일에 대비했습니다. 옛날 제齊나라 환공桓公은 군사 5만을 모아 제후 중의 패자가 되었고, 진晉나라 문공文公은 4만 명의 선봉대를 부려 그 뜻을 얻을 수 있었으며, 진秦나라 목공繆公은 함진陷陳* 3만을

---

* 함진 : 용맹이 뛰어난 특수부대를 이르는 말. "사기가 날카롭고, 씩씩하고 용감하여 강하고 맹폭한 자가 있거든 이들을 모아 하나의 부대를 만들고 이를 이름하여 함진의 군사(陷陳之士)라고 한다."(『육도삼략』六韜三略)

배치하여 이웃의 적들을 굴복시켰습니다.

그러므로 강한 나라의 임금이란 반드시 그 백성을 살펴 헤아리는 법입니다. 그 백성 중에 담력과 기백이 있는 자들로 하나의 부대를 삼고, 기꺼이 전장으로 진격해 자신의 충성과 용맹을 나타내는 자들로 하나의 부대를 삼고, 높은 곳을 넘고 먼 곳으로 달려가는 발 빠른 자들로 하나의 부대를 삼고, 왕의 신하였으나 그 자리를 잃어 윗사람에게 공을 얻고자 하는 자들로 하나의 부대를 삼으며, 지키던 성을 버리고 달아나 그 치욕을 씻고자 하는 자들로 하나의 부대를 삼으십시오.

이 다섯 가지가 곧 군대의 정예병입니다. 이런 자가 3천 명만 되면 안으로는 포위를 뚫고 나아갈 수 있고, 밖으로는 들어가 적의 성을 무찌를 수 있습니다."

1-7.
전쟁의 승패는 미리 결정된다

무후가 물었다.

"진을 치면 반드시 안정되고, 수비를 하면 반드시 견고하며, 전투를 벌이면 반드시 승리하는 방도를 듣고자 하오."

오기가 대답했다.

"이는 지금 선 자리에서 바로 보이는 것인데, 어찌 들어서 알려고 하십니까? 임금이 어진 이를 높은 자리에 앉히고 어질지 않은 이를 아래에 있게 하면, 진지는 이미 안정된 것입니다. 백성이 일터와 가정에서 편안히 거하며 그 관리를 친밀하게 여기면 수비는 이미 견고한 것입니다. 백성이 모두 내 임금을 옳다 하고 이웃 나라를 그르다 하면 전쟁은 이미 승리한 것입니다."

1-8.
성인을 스승 삼고, 현인을 벗 삼으라

일찍이 무후가 어떤 일에 계책을 짜고 있었는데, 여러 신하들이 그의 능력에 미치지 못했다. 조회가 끝나자 그의 얼굴에 우쭐한 기색이 돌았다. 그러자 오기가 나아가 말했다.

"옛날 초楚나라 장왕莊王이 어떤 일을 꾀하면서 여러 신하들이 그의 능력에 미치지 못했습니다. 조회가 끝난 뒤 그의 얼굴에 근심스러운 기색이 가득했습니다. 그때 신공申公이 물었습니다. '임금께서 근심스러운 기색을 하고 계시니 어찌 된 일입니까?' 그러자 장왕은 이렇게 말했습니다. '과인이 듣기로 세상에는 성인聖人이 끊이지 않고, 나라에는 현인賢人이 모자라지 않아, 성인을 스승으로 삼는 사람은 왕이 되고, 현인을 벗으로 할 수 있는 사람은 패자가 된다고 했습니다. 지금 과인이 지혜롭지 못하거늘 여러 신하가 내게 미치지 못하니 초나라는 끝난 것이오!' 이처럼 초장왕이 근심으로 여긴 것을 임금께서는 즐거움으로 여기고 있으니, 저는 은근히 걱정이 됩니다."

그러자 무후의 얼굴에 부끄러운 기색이 역력했다.

『오자병법』

2부
요적(料敵) : 적의 정세를 살피는 법

2-1.
육국의 정세를 헤아리다

무후가 오기에게 물었다.

"지금 진秦나라가 우리의 서쪽을 위협하고, 초楚나라
는 우리의 남쪽을 둘러싸고, 조趙나라는 우리의 북쪽
을 핍박하며, 제齊나라는 우리의 동쪽에서 대치 중이
오. 연燕나라는 우리의 뒤를 차단하고, 한韓나라는 우
리의 앞을 가로막고 있소. 이 여섯 나라가 사방을 둘
러싸 우리의 형세가 심히 편안치 않구려. 근심이 이
와 같으니 어찌하면 좋겠소?"

오기가 대답했다.

"나라를 편안하게 하는 길은 '경계를 늦추지 않는 것'
이 가장 중요한데, 지금 임금께서 미리 경계하는 것
을 보니 재앙은 멀다고 할 것입니다. 지금부터 제가
위의 여섯 나라의 실정을 논해 보겠습니다.

제나라의 진영은 두터워 보이나 견고하지 못하며, 진나라의 진영은 산만하여 저들끼리 싸우고, 초나라의 진영은 정연해 보이나 오래 버티지 못하며, 연나라의 진영은 지킬 줄만 알고 퇴각할 줄 모르고, 조나라와 한나라의 진영은 다스려지는 듯하지만 실전에 쓸모가 없습니다.

제나라는 사람들의 성정이 굳세고 나라는 부유하나, 군신이 모두 교만하고 사치스러우며 백성들을 가벼이 여깁니다. 정치는 관대하지만, 봉록이 고르지 않습니다. 하나의 진영이 분열되어 두 마음을 가지니, 전방은 두터우나 후방은 견고하지 않습니다. 그러므로 '두터워 보이나 견고하지 못하다'고 한 것입니다. 이러한 나라를 치는 방법은 이와 같습니다. 아군을 셋으로 나누어 적의 좌우 측면을 공격하고 후방을 추격하여 위협하십시오. 이렇게 하면 그 진영을 가히 허물 수 있습니다.

진나라는 사람들의 성정이 강인하고, 지세 또한 험하며, 정치는 엄격하고 상벌이 분명합니다. 백성들은 양보할 줄 모르며 모두 투쟁의 마음을 가졌습니다. 그러므로 '산만하여 저들끼리 싸운다'고 한 것입니다. 이러한 나라를 치는 방법은 이와 같습니다. 반드시 먼저 이익을 보여 적을 유인하십시오. 사졸들로

하여금 이익을 탐하게 해 그들의 장수로부터 분리시
킨 다음, 그 괴리되고 분산된 틈을 노려 공격하되, 복
병을 숨겨 두어 기회를 보아 치면, 그 장수를 사로잡
을 수 있습니다.

초나라는 사람들의 성정이 유약하고, 땅은 넓으며,
정치가 어수선해 백성들이 피로에 지쳐 있습니다. 그
러므로 '정연해 보이나 오래 버티지 못한다'고 한 것
입니다. 이러한 나라를 치는 방법은 이와 같습니다.
그들의 주둔지를 기습하여 혼란스럽게 해 사기를 꺾
으십시오. 가볍게 진격하고 재빠르게 퇴각하여 그들
을 피폐하고 수고롭게 하되, 직접적인 교전은 피하십
시오. 이렇게 하면 능히 이길 수 있습니다.

연나라는 사람들의 성정이 성실하고, 백성들은 신중
하며, 용맹과 의리를 좋아하여 지략과 속임수를 잘
쓰지 않습니다. 그러므로 '지킬 줄만 알고 퇴각할 줄
모른다'고 한 것입니다. 이러한 나라를 치는 방법은
이와 같습니다. 부딪혀 압박하고 약을 올리고 멀리
후퇴하며, 달아나는 척하다가 갑자기 역습을 하면,
그 장수는 의심하면서도 두려움을 잊게 될 것입니다.
이때 아군의 전차병과 기마병을 조심스럽게 운용해
적의 후방을 차단하십시오. 이렇게 하면 능히 그 장
수를 사로잡을 수 있습니다.

우리와 이웃한 조나라와 한나라는 중원에 위치한 까닭에 그 성정은 조화롭고, 정치는 평온하나, 백성이 전쟁에 지쳐 있고 전쟁에도 이골이 나 있습니다. 장수의 권위는 보잘것없고, 봉록 또한 박하기에 병사들은 죽겠다는 결심이 없습니다. 그러므로 '다스려지는 듯하지만 실전에 쓸모가 없다'고 한 것입니다. 이러한 나라를 치는 방법은 이와 같습니다. 적의 진지를 가로막고 압박하되, 공격해 오면 저지하고 후퇴하면 추격하십시오. 그리하여 그 군대를 피곤하게 만들면 됩니다.

이상이 육국의 형세입니다. 그런즉 우리 위나라는 다음을 준비해야 할 것입니다.

하나의 군대 안에는 반드시 호랑이처럼 용맹한 호분지사虎賁之士가 있습니다. 힘은 솥단지를 가볍게 들고, 걸음은 말보다도 재빠르며, 적의 깃발을 빼앗고, 적의 장수를 사로잡을 만한 능력이 있는 인재가 반드시 있을 것입니다. 이러한 무리들을 선발하여 능력에 따라 구분하고, 아끼며 귀히 여겨야 하니, 이들을 일러 '군대의 생명'[軍命]이라 하는 것입니다.

그 가운데 다섯 가지 병기를 잘 다루고, 재주 있고 힘세고 건강하고 빠르며, 투지가 적을 삼킬 만한 자가 있거든 반드시 그 작위를 높여 주어야 합니다. 그러

면 나아가 승리를 결정지을 수 있습니다. 그리고 이
러한 자들의 부모와 처자를 후하게 대우하고, 상으로
권하고 벌로 두렵게 하면, 병사들은 진지를 끝까지
사수하고 지구전에서도 오래 버틸 것입니다. 임금께
서 이를 살피고 헤아리시면, 두 배가 넘는 적도 능히
격퇴할 수 있습니다."

무후가 말했다.

"옳은 말이오!"

2-2.
싸울 수 있는 경우와 싸울 수 없는 경우

오기가 말했다.

"무릇 적을 헤아려, 점을 치지 않고도 싸울 수 있는 경우로 다음의 여덟 가지가 있습니다.

첫째, 질풍이 불고 혹한이 몰아치는데, 아침 일찍 숙영을 거두고 얼음을 깨고 강을 건너면서, 병사들의 고통을 무시하는 경우입니다.

둘째, 한여름의 열기가 타는 불꽃과 같은데, 출발이 늦어 쉴 틈이 없어, 허기와 갈증에도 행군을 강행하면서, 멀리 있는 목표를 취하려 애쓰는 경우입니다.

셋째, 군대가 출병한 지 오래되어 식량은 떨어지고, 백성은 노하여 원망하고, 흉한 징조가 자주 나타나는데도 윗사람이 이를 능히 중지하지 않는 경우입니다.

넷째, 군수품이 이미 고갈되어, 땔나무와 말먹이마저

부족한데, 궂은비는 자주 내려 약탈조차 불가한 경우입니다.

다섯째, 남은 병력이 적고, 물과 지형이 이롭지 않으며, 사람과 말이 역병에 시달리는데도, 사방의 이웃 나라에서 지원군이 오지 않는 경우입니다.

여섯째, 길은 멀고 날은 저무는데, 병사들은 모두 피로와 공포에 지쳐, 밥도 먹지 아니한 채로 무장을 풀고 쉬는 경우입니다.

일곱째, 지휘관은 무능하고, 관리는 경솔하며, 사졸은 굳세지 않아, 삼군이 자주 놀라는데, 다른 부대의 도움마저 없는 경우입니다.

여덟째, 진지를 미처 정하지 못하고, 숙영지도 마련하지 못한 상태에서 가파른 언덕과 험한 골짜기를 지나느라 군대의 반은 숨고 반은 노출된 경우입니다.

마주한 적들이 이와 같다면 의심할 것도 없이 곧바로 공격하십시오.

그런가 하면 점을 쳐 볼 것도 없이 싸움을 피해야 할 경우로 다음 여섯 가지가 있습니다.

첫째, 영토가 광대하고, 백성은 부유하며, 인구도 많은 경우입니다.

둘째, 윗사람이 아랫사람을 사랑하여, 은택이 널리 미치는 경우입니다.

셋째, 상은 믿을 만하고 형벌은 정확하여, 이를 시행함이 반드시 때에 맞는 경우입니다.

넷째, 공적에 따라 직위가 나뉘고, 능력 있는 인재에게 능히 일을 맡기는 경우입니다.

다섯째, 병력이 많고 무기와 갑옷이 모두 충실한 경우입니다.

여섯째, 사방 이웃 나라의 도움이 있고, 큰 나라의 원조를 받고 있는 경우입니다.

이와 같은 경우에, 내가 상대에게 미치지 못한다면 의심할 여지없이 싸움을 피하십시오.

이것이 소위, '승산이 보이면 나서고 난관이 보이면 물러선다'는 말입니다."

2-3.
겉을 보아 속을 알라

무후가 물었다.

"과인은 적의 외형을 봄으로써 내부의 실정을 파악하고, 나아감을 살핌으로써 그침을 알아내어, 이로써 승부를 결정짓고자 하오. 이에 관해 들어볼 수 있겠소?"

오기가 대답했다.

"적들이 다가올 때 모습이 방자하여 사려가 없고, 깃발이 뒤섞여 어지러우며, 병사와 말이 자주 뒤돌아본다면, 이 경우 아군 한 명으로 적 열 명을 쳐, 꼼짝 못하게 할 수 있습니다.

주변국과 체결한 동맹이 없고, 군신이 서로 화합하지 않으며, 봇도랑과 누대가 완비되지 않았고, 군령이 제대로 시행되지 않으며, 삼군은 흉흉하기만 하고, 진격하고자 하나 할 수 없으며, 퇴각하고자 하나 감히 할 수 없다면, 이 경우 적의 절반의 병력으로 갑절의 적을 격퇴할 수 있고, 백 번을 싸우더라도 위태하지 않을 것입니다."

2-4.
약점을 노려라

무후가 반드시 적을 칠 수 있는 경우에 대해 물었다.

오기가 대답했다.

"군사를 쓰고자 할 때는, 반드시 적의 허실을 살펴, 그 허약한 틈으로 달려들어야 합니다.

적들이 먼 길을 거쳐 이제 막 도착하여 행렬이 아직 정비되지 않았다면, 공격해도 됩니다. 적이 식사를 마친 뒤 진열을 갖추지 않았다면, 공격해도 됩니다. 적이 정신없이 달아날 때, 공격해도 됩니다. 적이 노역에 시달릴 때, 공격해도 됩니다. 적의 지형이 불리할 때, 공격해도 됩니다. 적이 전투의 때를 놓쳤을 때, 공격해도 됩니다. 적이 먼 길을 행군하여 대열의 후미가 아직 쉬지 못했을 때, 공격해도 됩니다. 적이 강을 반쯤 건넜을 때, 공격해도 됩니다. 적이 험하고 좁은 길에 있을 때, 공격해도 됩니다. 적의 깃발이 어지러이 움직일 때, 공격해도 됩니다. 적이 진지를 자주 옮겨다닐 때, 공격해도 됩니다. 적의 장수가 병사들과 떨어져 있을 때, 공격해도 됩니다. 적이 공포에 떨고 있을 때, 공격해도 됩니다.

만일 적들이 이와 같다면, 정예병을 선발하여 적진을 찌르고, 본대를 나누어 지속적으로 공격하며, 신속히 공격하되 의심하지 말아야 합니다."

『오자병법』

3부
치병(治兵): 군사를 다스리는 법

3-1.
용병의 핵심

무후가 물었다.

"용병의 도에 있어 무엇이 우선인가?"

오기가 대답했다.

"먼저 네 가지의 가벼움[四輕]과, 두 가지의 무거움[二重]과, 한 가지의 신의[一信]를 분명히 해야 합니다."

무후가 물었다.

"무엇을 말함인가?"

오기가 말했다.

"네 가지의 가벼움이란 땅이 말을 가벼이 여기고, 말이 수레를 가벼이 여기고, 수레가 병사를 가벼이 여기고, 병사가 싸움을 가벼이 여기는 것을 말합니다. 지형의 험함과 편함을 알면, 땅이 말을 가볍게 달리도록 할 것입니다. 말에게 제때에 먹이를 주면, 말이 수레를 가볍게 끌 것입니다. 바퀴 축에 기름을 넉넉히 치면, 수레가 병사를 가볍게 태울 것입니다. 무기가 예리하고 갑옷이 견고하면, 병사가 전투를 가볍게 치를 것입니다.

두 가지의 무거움이란 나아가 싸우면 중한 상을 내리고, 물러서면 중한 형벌을 내리는 것을 말합니다.

한 가지의 신의란 상벌의 시행에 신의가 있어야 함을 말합니다. 각자의 상황을 살펴 이러한 이치에 능통해야 승리의 주역이 될 수 있습니다."

3-2.
생사고락을 함께하라

무후가 물었다.
"군대는 어떠한 경우에 승리하는가?"
오기가 대답했다.
"다스림으로써 승리합니다."
무후가 다시 물었다.
"무리의 많고 적음에 달린 것은 아닌가?"
오기가 대답했다.
"만약 법령이 명확하지 않고, 상벌에 신뢰가 없다면,
징을 쳐도 멈추지 아니하고, 북을 울려도 나아가지
아니하니, 비록 백만의 대군이라 한들 무슨 소용이
있겠습니까? 이른바 '잘 다스려진 군대'라 함은 평소
에는 예가 있고 움직이면 위엄이 있어, 진격하면 당
할 자 없고 물러서면 뒤쫓지 못해, 진퇴에는 절도가

있고 좌우의 이동은 지휘에 상응해, 끊어져도 다시 진을 이루고, 흩어져도 다시 행렬을 이룹니다. 장수와 사병이 편안함을 함께하고 장수와 사병이 위험함을 함께하면, 군대가 이와 같아지니, 그 무리는 뭉쳐서 흩어지지 않고 쓸 만해져서 지칠 줄을 모르며, 어디에 던져 놓아도 천하에 당할 자가 없으니, 이를 일러 '부자父子의 군대'*라 하는 것입니다."

* 오기가 가장 이상적이라 본 군대가 '부자지병'(父子之兵)이다. 말 그대로 부모와 자식 사이처럼 끈끈한 정으로 맺어진 군대를 뜻한다.

3-3.
행군의 법도

오기가 말했다.

"행군의 도는, 첫째 나아가고 멈춤의 절도를 범하지 않고, 둘째 음식의 양과 배식시간을 어기지 않고, 셋째 사람과 말의 힘을 소진시키지 않는 것에 있습니다. 이 세 가지는 장수의 명령이 병사들에 임하는 근본이니, 장수의 명령이 병사에게 임할 때 비로소 다스림이 생겨납니다. 만약 나아가고 멈춤에 법도가 없고, 식사가 들쭉날쭉하며, 말이 지치고 사람이 피곤한데도 안장과 갑옷을 풀고 쉬지 못한다면 그것은 장수의 명령이 임하지 못한 것이니, 장수의 명령이 무너지면 평시라면 난이 일어날 것이요, 전시라면 패배하고 말 것입니다."

3-4.
죽기를 각오하면 살고 요행으로 살려면
죽는다

오기가 말했다.

"전장이란 송장을 두는 땅이니, 죽기를 각오한 자는
살고 요행으로 살려는 자는 죽습니다. 훌륭한 장수는
물이 새는 배 안에 앉은 듯, 불타는 집 안에 엎드린 듯
합니다. 지혜로운 적장의 꾀도 미치지 못하며, 용맹
한 적장의 분노도 미치지 못하니, 맞붙어도 이길 수
있는 것입니다. 그러므로 말하기를, '용병의 병폐 중
에 머뭇거림이 가장 크고, 삼군의 재앙은 의구심에서
생겨난다'고 한 것입니다."

3-5.
배움이 우선이다

오기가 말했다.

"사람은 항상 능하지 못한 바 때문에 죽고, 익숙하지 못한 바 때문에 패합니다. 그러므로 군사를 쓰는 법은 가르쳐 일깨움을 우선으로 삼습니다. 한 사람이 전투를 배우면 이로써 열 사람을 가르칠 수 있고, 열 사람이 전투를 배우면 이로써 백 사람을 가르칠 수 있고, 백 사람이 전투를 배우면 이로써 천 사람을 가르칠 수 있고, 천 사람이 전투를 배우면 이로써 만 사람을 가르칠 수 있고, 만 사람이 전투를 배우면 이로써 삼군을 모두 가르칠 수 있습니다.

가까운 것으로 먼 것을 기다리고, 편안함으로 고달픔을 기다리고, 배부름으로 굶주림을 기다리십시오. 둥근 진[圓陣]에서 모난 진[方陣]으로 뒤바꾸고, 앉았다가 일어서고, 가다가 멈추고, 왼쪽으로 가다가 오른쪽으로 가고, 전진하다가 후퇴하고, 나누었다가 합치고, 모였다가 흩어지십시오. 매 순간의 변화를 모두 익혀, 이를 병사들에게 전수하니, 이를 일러 '장수의 일'이라 합니다."

3-6.
전투를 가르치는 법

오기가 말했다.

"전투를 가르치는 데는 다음과 같은 방법이 있습니다. 키 작은 자는 창을 쥐게 하고, 키 큰 자는 활과 쇠뇌를 들게 하고, 힘이 센 자는 깃발을 들게 하고, 용감한 자는 징과 북을 들게 하고, 허약한 자는 마구간을 돌보는 등 잡일을 시키며, 지혜가 있는 자는 계책을 내게 합니다. 부대를 마을 단위로 연계시켜 서로간에 돕게 합니다. 이때, 북을 한 번 울리면 병기를 정리하고, 북이 두 번 울리면 진 치는 연습을 하고, 북이 세 번 울리면 신속히 달려가 식사를 합니다. 북이 네 번 울리면 행장을 단속하며, 다섯 번 북이 울리면 행군에 나섭니다. 북소리를 듣고 소리를 합하여 함께 고함을 지른 연후에 깃발을 듭니다."

3-7.
진퇴의 법도

무후가 물었다.

"삼군의 진퇴에는 어떤 도가 있는가?"

오기가 대답했다.

"천조天竈에 진을 치면 안 되고, 용두龍頭에도 진을 치면 안 됩니다. 천조란 큰 골짜기의 입구를 말하며, 용두란 큰 산의 끝자락을 말합니다.

진을 칠 때는 반드시 왼쪽에는 청룡기靑龍旗, 오른쪽엔 백호기白虎旗, 앞쪽에는 주작기朱雀旗, 뒤쪽은 현무기玄武旗를 세우십시오. 중앙에는 초요기招搖旗를 세워, 그 아래에 장수가 지휘하게 합니다.

장차 전투가 벌어졌을 때는 바람의 방향을 자세히 살펴야 합니다. 바람이 적을 향해 불면 함성을 지르며 공세를 취하고, 바람이 거꾸로 불어오면 진지를 견고히 해 적의 공격에 대비해야 합니다."

3-8.
군마를 부리는 방법

무후가 물었다.

"군마를 기르는 방법으로는 어떤 것이 있소?"

오기가 대답했다.

"말은 반드시 거처를 편안하게 히고, 물과 풀을 적당하게 주며, 주림과 배부름을 알맞게 해야 합니다. 겨울에는 마구간을 따뜻하게 하고, 여름에는 시원하게 하며, 털과 갈기를 깎아 주고, 네 발굽이 빠지지 않게 주의하고, 눈과 귀를 가려서 놀라지 않게 해야 합니다. 내달리고 뒤쫓기를 연습시키고, 나아가고 멈춤을 훈련시켜, 사람과 말이 친해진 연후에야 가히 부릴 수 있는 것입니다.

또, 수레나 기마의 도구인 안장·멍에·재갈·고삐는 반드시 온전하고 견고해야 합니다. 말은 기마 도구에 묶이고 난 다음에는 상처 입지 않으나, 묶이기 시작할 때 반드시 상처 입습니다. 배고플 때는 상처 입지 않으나, 배부를 때 반드시 상처 입습니다. 날은 저물고 갈 길은 멀 때, 타고 내리기를 자주 하여, 차라리 사람이 피로할지언정 말을 괴롭히지 말 것이니, 항상 말에게 여력이 있도록 하여 적이 나를 기습할 경우에 대비해야 합니다. 능히 이러한 이치에 밝은 자만이 천하를 휘저을 수 있습니다."

『오자병법』

4부
논장(論將) : 장수를 논함

4-1.
장수의 요건

오기가 말했다.

"문무文武를 겸비한 자는 군대의 장수이며, 강유剛柔를 겸하는 것은 용병의 요건입니다. 사람들은 장수를 논할 때 오직 용맹을 볼 뿐이나, 장수의 요건 중에 용맹이란 그 일부일 뿐입니다. 용맹하기만 한 장수는 반드시 경솔하게 적과 맞서려 하니, 함부로 적과 맞붙어 이익을 살필 줄 모른다면 좋은 장수라 할 수 없습니다.

그러므로 장수로서 경계해야 할 것이 다섯 가지이니, 첫째는 이理, 둘째는 비備, 셋째는 과果, 넷째는 계戒, 다섯째는 약約입니다.

이理란 많은 무리를 적은 무리를 다스리듯 하는 통솔력입니다.

비備란 문 밖에 적이 있는 듯하는 준비성입니다.

과果란 적을 대하면서 살겠다는 생각을 버리는 과단성입니다.

계戒란 비록 이겼더라도 처음 전투에 임하듯 하는 신중성입니다.

약約이란 군령을 덜어 번거롭지 않게 하는 간단명료함입니다.

장수가 출전명령을 받으면 사양하지 말고, 적을 깨뜨린 이후에 되돌아오겠다고 말하는 것이 장수로서의 예입니다. 그러므로 장수가 출전하는 날, 죽음의 영광이 있을 뿐, 살아오는 치욕이란 없는 것입니다."

4-2.
네 가지 기틀을 알아야 장수가 될 수 있다

오기가 말했다.

"무릇 군대에는 네 가지 기틀이 있으니, 첫째 기기氣機, 둘째 지기地機, 셋째 사기事機, 넷째 역기力機입니다.

삼군의 무리가 백만에 육박해도 그 활동이 강하고 약한 것은 한 사람의 장수에 달려 있으니 이것이 '기백의 기틀'[氣機]입니다.

길은 좁고 도로는 험한데 이름난 산과 큰 요새가 있는 곳은, 열 사람이 지켜도 천 명의 적이 지나가지 못하니, 이것이 '땅의 기틀'[地機]입니다.

간첩을 잘 활용하고 가벼운 기동대를 왕래시키면, 적의 무리가 분산되고 임금과 신하가 서로 원망하게 되고 위와 아래가 서로 반목하게 되니 이것이 '일의 기틀'[事機]입니다.

전차바퀴의 굴대와 비녀장을 견고하게 하고, 배의 노를 편리하게 만들고, 병사들이 진법에 익숙하게 하며, 말은 달리고 쫓는 것에 익숙하게 하니, 이것이 '힘의 기틀'[力機]입니다.

이 네 가지를 잘 아는 자라야 장수가 될 수 있습니다. 여기에 장수가 위엄[威]과, 덕망[德]과, 어짊[仁]과, 용기[勇]를 갖추면 아랫사람을 거느려 무리를 편안하게 하고, 적으로 하여금 두려움을 느끼게 하고, 부하들로 하여금 의심을 품지 않게 합니다. 명령을 내리면 부하들은 이를 어기지 않고, 그 장수가 있는 곳에는 적이 감히 덤비지 못하게 됩니다. 이런 장수를 얻으면 나라가 강해지고, 떠나보내면 나라가 망하니, 이를 일러 '좋은 장수'[良將]라 하는 것입니다."

4-3.
군령을 내리는 법

오기가 말했다.

"작은북·큰북·징·쇠방울은 병사들의 귀를 다스리기 위한 것이고, 각종 깃발은 병사들의 눈을 다스리기 위한 것이고, 금령禁令과 형벌은 병사들의 마음을 다스리기 위한 것입니다. 귀를 다스리려면 그 소리가 반드시 맑아야 하고, 눈을 다스리려면 그 빛깔이 반드시 밝아야 하며, 마음을 다스리려면 그 형벌이 반드시 엄해야 합니다. 이 세 가지가 바로 서지 않으면 나라가 비록 있다 해도 반드시 적에게 패하고 맙니다. 그러므로 이르기를 '장수가 지휘하면 명을 따라 행하지 않는 이 없고, 장수가 지시하면 죽음을 무릅쓰고 나아가지 않는 자 없다'고 한 것입니다."

4-4.
적의 형세를 파악하기

오기가 말했다.

"전쟁의 요지는 반드시 먼저 적장이 어떤 인물인지 파악하고 그 능력을 헤아리는 데 있습니다. 적의 형세를 보고 상황에 따라 대응하면 힘들이지 않고도 공을 이룰 수 있습니다.

적장이 어리석고 남을 잘 믿는다면 속임수로 유인하십시오. 탐욕스럽고 명예를 가벼이 여긴다면 재물로 매수하십시오. 변덕이 심하고 계책이 없으면 수고롭게 만들어 곤경에 빠뜨리십시오. 상관은 부유하고 교만한데 사졸들은 궁핍하여 이를 원망하면 이간질로 분열시키십시오. 진퇴에 의심이 많아 그 무리들이 믿고 따르지 못하면 놀라게 해 도망치게 하십시오. 병사들이 장수를 가벼이 여겨 고향으로 돌아가려 한다

면 쉬운 길을 막고 험한 길을 터놓아 유인하여 사로
잡으십시오. 나아가기는 쉬우나 물러나기가 어려운
때에는 유인하여 나오게 하며, 나아가기는 어려우나
물러나기가 쉬운 때에는 가까이 달려들어 공격하십
시오. 적이 낮고 습한 지역에 주둔하여 물이 빠지지
않고 장맛비가 자주 내리면 물길을 터서 침몰시키십
시오. 거친 황무지나 늪지대에 주둔하여 풀과 가시덤
불이 뒤엉켜 있고 모진 바람이 자주 불어온다면 불로
태워 멸절시키십시오. 한곳에 너무 오래 주둔하여 장
수와 사병이 게으르고 태만하며 군대가 대비하지 않
으면 잠입하여 습격하십시오."

4-5.
적장을 간파하는 법

무후가 물었다.

"두 군대가 서로 대치하는 상황에서 상대 장수가 어떤 인물인지 몰라 그를 알고자 한다면 어떤 방법이 있는가?"

오기가 대답했다.

"미천하지만 용맹한 자에게 가벼운 정예부대를 딸려 보내 먼저 시험해 봅니다. 공로를 세울 생각은 하지 말고 그저 달아나기만 하라고 지시합니다. 그리고 적의 다가오는 모습을 관찰하십시오. 정지했다 움직이기를 정연하게 하며, 우리를 쫓아오되 못 미치는 척하고, 미끼를 보고 모르는 척 말려들지 않으면, 이런 적장은 '지장'智將이 분명하므로 섣불리 싸워서는 안 됩니다.

그러나 만약 적의 부대가 소란스럽고, 깃발이 어지러이 얽히며, 병사들이 제멋대로 오가고, 군대가 종횡으로 늘어서며, 아군을 쫓아오는 모습이 악착같아 미치지 못할까 두려워하고, 미끼를 보고 혈안이 되어 얻지 못할까 두려워한다면, 이런 적장은 '우장'愚將이니, 제아무리 많은 무리를 거느리고 있다 해도 사로잡을 수 있습니다."

『오자병법』

5부
응변(應變) : 변화에 대응하는 법

5-1.
군령을 분명히 하라

무후가 물었다.

"수레도 견고하고 말도 훌륭하며 장수는 용감하고 병사는 강인한데, 갑자기 적을 만나면 어지러이 행렬을 잃는다면 이를 어찌해야 하오?"

오기가 대답했다.

"전쟁의 법도는 낮에 각종 깃발을 신호로 삼고 밤에는 징·북·피리를 규칙으로 삼습니다. 기를 왼쪽으로 하면 왼쪽으로 움직이고, 기를 오른쪽으로 하면 오른쪽으로 움직입니다. 북을 치면 전진하고 징을 치면 정지합니다. 피리를 한 번 불면 행군하고 두 번 불면 모입니다. 이에 따르지 않는 자는 주살합니다. 삼군이 위엄에 복종하고 병사들이 명령에 따른다면 싸워서 이기지 못할 적이 없고 공격해서 무너뜨리지 못할 적진이 없을 것입니다."

5-2.
지형의 이점을 활용하라

무후가 물었다.

"적의 무리가 아군보다 많을 때는 어찌해야 하오?"

오기가 대답했다.

"평탄한 지형에서는 적을 피하고, 험한 지형에서 적을 맞아야 합니다. 그러므로 이르기를 '하나로 열을 치기에는 좁은 길[阨地]만 한 것이 없고, 열로 백을 치기에는 험한 땅[險地]만 한 곳이 없으며, 천으로 만을 치기에는 막힌 곳[阻地]만 한 곳이 없다'고 한 것입니다. 지금 적은 수의 군사로 갑작스레 출병하며, 좁은 길에서 징과 북을 울려 대면 아무리 적병이 많아도 혼비백산하지 않을 수 없습니다. 그러므로 이르기를 '큰 부대를 거느리면 평지를 차지하고, 소부대를 거느리면 험한 땅을 차지하라'고 한 것입니다."

5-3.
막강한 적에게 대적하려면

무후가 물었다.

"적의 수가 많고 무력과 용맹을 모두 갖춘데다, 유리한 지형을 선점해 뒤로는 험한 지형이 가로막고 오른쪽은 산이고 왼쪽은 강이요, 해자는 깊고 보루는 높으며, 쇠뇌로 굳건히 수비하고, 후퇴할 때는 산이 움직이는 듯하며 나아갈 때는 비바람이 몰아치듯 한데다가 심지어 식량마저 충분하여, 이러한 적과 오래 대치하기가 어려운 경우라면, 이런 때는 어찌해야 하는가?"

오기가 대답했다.

"대단하십니다. 그 질문이시여! 이와 같은 경우 전차나 기병騎兵의 힘으로 될 수 있는 것이 아닙니다. 성인의 모책이 있어야 합니다.

먼저 수레 천 대와 기병 일만에 보병步兵을 겸하여 이들을 다섯의 부대로 편성합니다. 각 군마다 하나의 길을 맡도록 하면, 적은 틀림없이 의혹을 가지고 어느 쪽을 공략해야 할지 모르게 될 것입니다. 이때 적들이 만약 수비를 견고히 하면서 자신의 군대를 공고히 하고 있다면, 간첩을 급파해 그들이 염려하는 바를 살펴야 합니다.

적이 만일 우리 요구를 들으면 진영을 풀어 되돌아가고, 우리 요구를 듣지 않고 사신을 참수하고 편지를 불태운다면, 다섯 부대의 군사가 다섯 길로 나뉘어 싸우되, 싸워서 이기더라도 패퇴하는 적을 추격하지는 않도록 합니다. 만약 이기지 못하면 급히 퇴각하여 거짓으로 달아나며 서서히 움직이다가 갑자기 공세로 전환합니다. 한 부대는 적을 견제하고, 다른 한 부대는 적의 퇴로를 끊으며 나머지 두 부대는 은밀히 매복하여 적의 좌우를 급습합니다. 이처럼 다섯 부대가 번갈아 공격하면 반드시 승기를 잡을 것입니다. 이것이 바로 강한 적을 치는 방법입니다."

5-4.
궁지에 몰렸을 때

무후가 물었다.

"적이 근접해 와 아군의 진영으로 육박해 오는데, 퇴로가 차단되어 아군이 몹시 두려워한다면, 이 경우에는 어떻게 해야 하는가?"

오기가 대답했다.

"이런 경우에 대처하는 방법을 말씀드리겠습니다. 만일 아군이 많고 적군이 적다면 병력을 분산시켜 적을 공격합니다. 반대로 적군이 많고 아군이 적다면 병력을 집중시켜 적을 공격합니다. 이와 같은 방법으로 쉬지 않고 공격하면 비록 많은 수의 적이라도 굴복시킬 수 있습니다."

5-5.
험한 지형에서 적과 맞서려 할 때

무후가 물었다.

"만일 계곡에서 적과 마주쳤는데, 주변에 험하고 막힌 곳이 많으며 상대는 많고 아군은 적다면, 이 경우 어떻게 해야 하는가?"

오기가 대답했다.

"구릉이나 골짜기, 깊은 산이나 넓은 습지를 만났을 때는 신속히 행군하여 재빨리 벗어나며, 결코 지체해서는 안 됩니다. 만약 높은 산과 깊은 골짜기에서 갑작스레 적과 마주쳤다면 반드시 북을 잡고 함성을 지르며 나아가고, 활과 쇠뇌를 전진시켜 적을 쏘고 사로잡습니다. 이때 적의 정황을 깊이 살펴, 무질서하다면 주저 말고 공격해야 합니다."

5-6.
험한 지형에서 적에게 포위되었을 때

무후가 물었다.

"좌우는 높은 산이요, 땅은 심히 좁고 협소한데, 갑자기 적을 만나 치고자 하나 칠 수 없고, 물러나고자 하나 물러날 수 없다면, 이 경우 어떻게 해야 하는가?"

오기가 대답했다.

"이것이 이른바 '곡전'谷戰이라 하는 것으로, 이때는 병력이 많아도 쓸모가 없으므로, 능력 있는 병사를 가려 모아 적과 상대해야 합니다. 발 빠른 병사와 무기가 예리한 병사를 선두에 서게 하고, 전차를 나누고 기병을 줄지어 사방에 두루 숨겨 놓되, 서로의 거리를 몇 리씩 띄워 적에게 발각되지 않게 합니다. 적은 틀림없이 진지를 군게 지키기만 할 뿐 전진도 후퇴도 하지 못하게 됩니다. 이때를 틈타 깃발을 세워

진열을 가다듬고 산 밖으로 빠져나와 진영을 구축하면 적은 반드시 깜짝 놀라 두려워할 것입니다. 이때 전차와 기병으로 도발해 숨 돌릴 틈조차 없게 만듭니다. 이것이 곡전의 방법입니다."

5-7.
늪지에서 적과 만났을 때

무후가 물었다.

"적과 큰 늪에서 만나, 수레는 기울고 바퀴는 빠져 물은 차오르는데, 배도 없고 노도 없어, 나아가지도 물러나지도 못한다면, 이 경우 어떻게 해야 하는가?"

오기가 대답했다.

"이것이 이른바 '수전'水戰이라는 것입니다. 전차나 기병이 쓸모가 없으므로 그대로 놓아 두고 높은 곳으로 올라가 사방을 살펴어, 반드시 물의 상황을 알아보아야 합니다. 어느 곳이 넓고 어느 곳이 좁은지, 어느 곳이 깊고 어느 곳이 얕은지를 모두 낱낱이 알고 난 후에, 기묘한 작전을 쓰면 승리할 수 있습니다. 적이 만약 물을 가로질러 건너온다면 반쯤 건너왔을 때 공격하면 됩니다."

5-8.
때와 장소에 따라 전차를 가려 써라

무후가 물었다.

"연이은 비로 진창이 되어 말이 빠지고 전차는 움직일 수 없는데, 사방으로 적의 공격을 받아 삼군이 동요한다면, 이 경우 어떻게 해야 하는가?"

오기가 대답했다.

"전차는 날씨가 음습하면 쓰지 않고 건조하면 사용합니다. 높은 지대에서 사용하고 낮은 지대에서는 피합니다. 전차를 운용할 때는 전진하건 멈추건, 반드시 이 원칙을 따라야 합니다. 적이 만약 행동을 개시할 경우 반드시 그들의 수레바퀴 자국을 따라가야 합니다."

5-9.
적의 노략질에 맞서는 요령

무후가 물었다.

"포악한 도적이 급습하여 우리 논밭의 곡식을 노략
질하고 소와 양을 빼앗아 간다면, 이 경우 어떻게 해
야 하는가?"

오기가 대답했다.

"포악한 도적이 나타나면 반드시 그들이 기세가 강
함을 고려하여 수비를 강화하고 섣불리 움직이지 말
아야 합니다. 저물녘에 약탈을 마치고 철수할 때면,
그들은 필경 짐은 무겁고 마음은 두려워, 서둘러 돌
아가는 데만 급급할 것이니, 이렇게 되면 적의 대열
은 흐트러지게 됩니다. 그때를 노려 추격해서 공격하
면 그 군사들을 엎어 버릴 수 있습니다."

5-10.
공격과 포위의 전술

오기가 말했다.

"적을 공격하고 성을 에워싸는 법도는 이렇습니다. 성과 고을이 이미 함락됐다면 각기 그들의 궁궐로 들어가 적의 관리들을 포획하고 기물들은 거두어들입니다. 군대가 주둔할 때는 백성들의 나무를 베거나, 집을 부수거나, 곡식을 약탈하거나, 가축을 도살하거나, 쌓아둔 재물에 불을 지르거나 하는 일이 없도록 합니다. 그리하여 백성들에게 잔혹한 마음이 없음을 보여 주고, 만일 투항하는 자가 있으면 허락하여 아량을 베풀어야 합니다."

『오자병법』

6부
여사(勵士): 군사를 격려하는 법

6-1.
상벌보다 중요한 세 가지

무후가 물었다.

"형벌을 엄하게 하고 상을 분명히 한다면 전쟁에서 이길 수 있는가?"

오기가 대답했다.

"상벌을 엄격하고 명확히 하는 일은 제가 능히 알 수 없습니다. 하오나 상벌이란 전적으로 믿을 것이 못 됩니다. 무릇 명령을 내리고 법을 베풀 때 사람들이 이를 기꺼이 들어주고, 군대를 일으키고 무리를 동원할 때 사람들이 기꺼이 나서 싸우며, 접전이 벌어져서 칼날이 마주할 때 사람들이 기꺼이 죽으려 한다면, 이 세 가지야말로 임금된 자로서 믿을 만한 것입니다."

무후가 물었다.

"그렇게 되려면 어떻게 해야 하는가?"

오기가 대답했다.

"임금께서는 공 있는 자를 불러들여 잔치를 베푸시고, 공 없는 자도 함께 격려하십시오."

이에 무후는 종묘의 뜰에 자리를 마련하여 세 등급으로 나누고 사대부들에게 잔치를 베풀었다. 가장 높은 공을 세운 이는 앞줄에 앉히고 상 위에는 좋은 그릇에 최고의 음식을 담아 올리고, 다음의 공을 세운 이는 가운데 줄에 앉혀 상 위에는 조금 못한 그릇과 음식으로 대우하였으며, 공이 없는 자는 뒷줄에 앉히되 상 위에 좋은 그릇은 쓰지 않았다. 연회가 끝나고 돌아갈 무렵엔 종묘의 문 밖에 있는 유공자의 부모와 처자에게도 상을 내리되, 이 역시 공로에 따라 차등을 두었다. 또 전사자가 있는 집에는 해마다 사람을 보내 그 부모를 위로하고 물품을 주어, 이로써 군주가 그것을 잊지 않고 있음을 드러내 보였다.

이러한 일들을 시행한 지 삼 년이 지났을 때, 진秦나라가 군대를 일으켜 서하西河를 침공했다. 위나라 사람들이 이 소식을 듣자 명령이 떨어지기도 전에 스스로 갑옷과 투구를 걸치고 떨쳐 일어나 전장으로 달려간 이가 수만 명을 헤아렸다.

6-2.
죽음을 각오한 한 명이 천 명을 두렵게
한다

무후가 오기를 불러 말했다.

"그대가 지난 날 가르쳐 준 일이 과연 그대로 이루어
졌소."

오기가 대답했다.

"제가 듣기로 사람에게는 저마다 장점과 단점이 있
고, 기운에는 성함과 쇠함이 있다 하였습니다. 임금
께서는 시험 삼아 제게 공이 없는 병사 5만을 내어주
십시오. 제가 그들을 이끌고 나아가 적을 상대하겠습
니다. 만약 싸움에 이기지 못하면 모든 제후에게 웃음
을 사고 천하에 권세를 잃을 것이나, 감수하겠습니다.
지금 만약 죽기를 무릅쓴 적 하나가 광야에 매복해
있고, 천 명이 이를 추격한다면, 누구 하나 올빼미처
럼 사방을 살피고 이리처럼 뒤를 돌아보지 않는 이

없을 것입니다. 왜 그렇겠습니까? 그 적군이 갑자기 나타나 자기를 해치지 않을까 두려워하는 까닭입니다. 그러므로 한 사람이 목숨을 던지면 족히 천 사람을 두려움에 떨게 할 수 있습니다. 지금 저는 5만의 군사를 죽기로 작정한 그 한 명의 군사로 만들려 합니다. 이들을 이끌고 나아가 치면 진실로 당할 이가 없을 것입니다."

이에 무후가 승낙하여 전차 5백과 기병 3천을 딸려 보냈더니, 과연 진秦나라 군대 50만을 격파했다. 이것은 군사들을 독려한 결과였다.

6-3.
최후의 승리

전투가 벌어지기 하루 전, 오기는 전군에 이렇게 명했다.

"그대들은 이제부터 나를 따라 적과 맞서야 한다. 적의 전차와 기병과 보병에 맞서야 한다. 만약 우리 전차가 적의 전차를 사로잡지 못하고, 우리 기병이 적의 기병을 사로잡지 못하고, 우리 보병이 적의 보병을 사로잡지 못한다면, 비록 전쟁의 결과 적에게 승리하더라도 그대들 각각의 공로를 인정하지 않을 것이다."

그리하여 전투가 벌어진 날, 더 이상 번다한 명령이 없었음에도, 그 위세가 천지를 진동시켰다.